완전기초

혼자 배우는
베트남어
첫걸음

홍빛나 지음

정진출판사

머리말

《혼자 배우는 베트남어 첫걸음》을 펴내며

여러분은 '베트남' 하면 무엇이 생각나나요? 베트남 쌀국수, 하롱베이, 베트남 전쟁, 베트남 신부……

베트남은 아시아의 어느 국가보다도 가까이 느껴지는 나라입니다. 현재 길거리에 나가면 베트남 노동자, 유학생, 결혼 이주민들을 매우 쉽게 만나볼 수 있지요. 그리고 한국과 베트남의 교류가 정치, 경제, 문화, 스포츠 등 각 분야에서 날이 갈수록 확대되고 있습니다. 각 기업들도 이제는 중국보다는 베트남에 투자, 진출하고자 방법을 모색하고 있지요! 그래서 날이 갈수록 베트남어를 배우려는 사람들이 늘어나고 있고, 그에 따른 교재의 출판 역시 절실한 상황에서 이렇게 혼자 쉽게 공부할 수 있는 교재를 여러분께 소개하게 되어 매우 기쁘게 생각합니다.

여러분~ 언어는 한번에 많이 공부하는 것이 아니라 적은 양이라도 꾸준히 하시는 것이 중요합니다. 영어에 비해 베트남어는 문법 체계가 복잡하지 않고 한자어가 많기 때문에 우리 한국 사람이 공부하기에 매우 유리합니다. 물론 발음이 어렵다는 분들도 많이 계시지만 원어민 녹음을 자주 듣고 열심히 하시다 보면 자신도 모르는 사이에 술술 베트남어로 베트남 사람들과 교류하는 날이 오리라고 생각합니다!

저자 홍빛나

이 책의 주요 구성

기본회화

실생활에서 자주 쓰이는 화제를 실어서 실제 활용에 도움이 되도록 하였습니다.

기본회화 해설

기본회화에 나오는 주요 내용을 상세히 설명하여 누구나 쉽게 베트남어의 기본을 익힐 수 있도록 하였습니다.

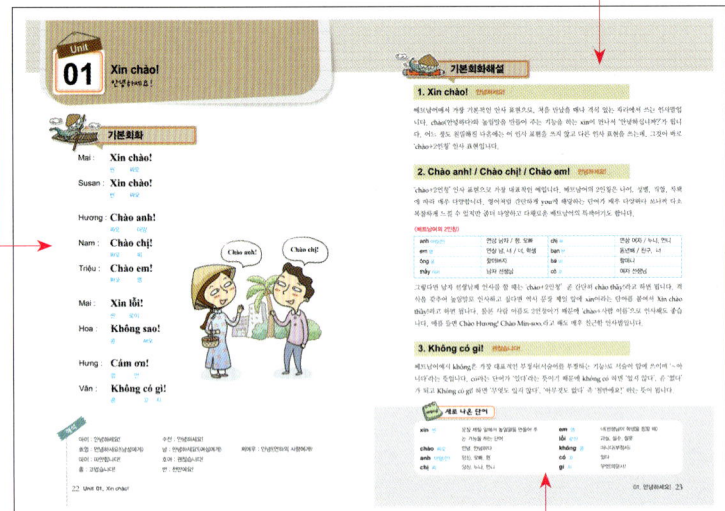

새로 나온 단어

대화에 나오는 주요 단어를 정리하였습니다.

주요표현

기본회화와 관련된 여러가지 다른 표현들을 수록하여 다양한 학습이 되도록 하였습니다.

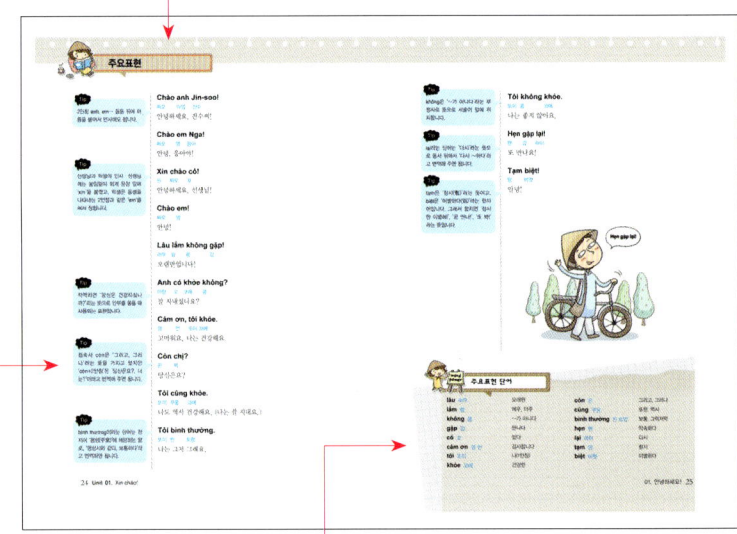

Tip

혼동하기 쉬운 표현이나 핵심이 되는 표현들을 의미 이해에 도움이 되도록 간략하게 설명하였습니다.

주요표현 단어

주요표현에 나오는 핵심 단어들을 정리하였습니다.

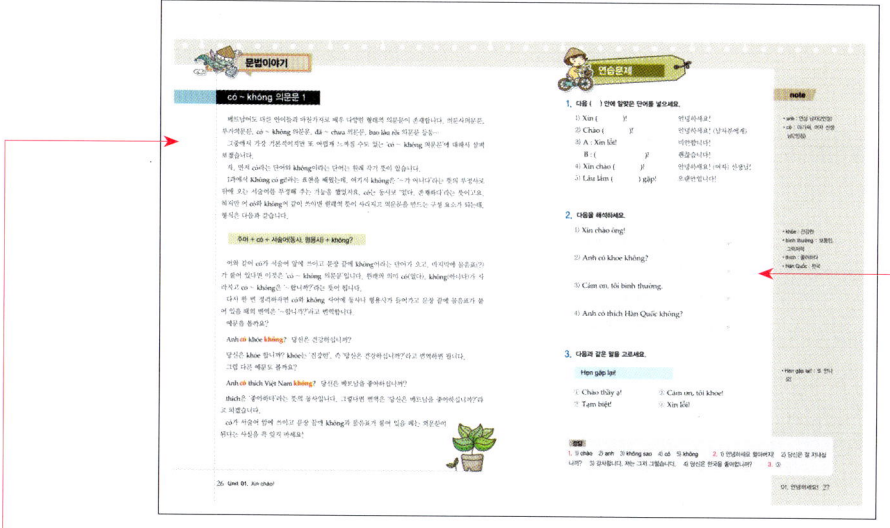

문법이야기

베트남어의 기본이 되는 문법과 용법을 정리하여 응용력을 키우도록 하였습니다.

연습문제

해당 과에서 배운 것을 기초로 여러 가지 문제를 풀면서 응용력을 키우도록 하였습니다.

주제별 단어

본문에서 다루지 못한 생활에 꼭 필요한 단어들을 그림과 함께 수록하였습니다.

베트남 엿보기

학습자들이 베트남어에 흥미를 갖도록 하기 위해 베트남의 문화와 생활을 소개하였습니다.

 한 가지 학습자 여러분께 당부드리고 싶은 말은 이 책에 한글로 병기된 발음은 단지 참고로만 활용하시고, 정확한 발음은 녹음된 베트남 현지인의 발음을 따라하면서 습득하시기 바랍니다.

차례

nồng dâu　　ma　　xa　　hoa

ấu sắc　　sách　　cá　　bút

ấu huyền　　bà　　ngoài　　trường

ấu hỏi　　trả　　mỏng　　để

ấu ngã　　sẽ　　mãi　　lãi

ấu nặng　　nhẹ

발음편

베트남어의 특성

베트남은 다민족 국가로 베트남족 외에 54개의 소수민족이 생활하고 있습니다. 그중 베트남족은 베트남 전체 인구의 90% 가량을 차지하고 있습니다. 일반적으로 말하는 베트남어는 베트남 인구의 대부분을 차지하는 베트남족의 언어입니다. 베트남은 우리나라와 마찬가지로 중국문화의 영향을 받은 나라입니다. 그래서 20세기 초까지만 하더라도 한자가 널리 통용되고 있었습니다. 지금은 17세기, 서양 선교사들이 포교를 하기 위하여 베트남어를 소리나는 대로 로마자로 표기하기 시작한 것이 오늘날의 베트남어가 되었습니다.

베트남어의 특성은 일반적으로 다음의 4가지로 설명됩니다.

1. 단음절성

베트남어는 한 개의 글자가 하나의 음절로 이루어져 있는 단음절성 언어입니다. 어휘가 한 개의 음절로 이루어져 있는 것이 대부분이고 두 음절로 구성된 어휘가 있지만 모두 한 음절씩 띄어서 발음하고 쓴다는 것입니다.

2. 고립성

베트남어는 중국어와 같이 우리말이나 영어와 달리 인칭이나 시제에 따라 글에 변화를 일으키는 일이 없는 고립어에 속합니다. 즉, 영어의 'go'는 주어가 바뀜에 따라 'go, goes'로, 시제에 따라 'go, went, gone'으로 모양이 변화됩니다. 또 우리말의 '가다'도 '가니, 가고, 가서, 가면' 등으로 어미가 활용됩니다. 그러나 베트남어는 주어나 시제에 관계없이 언제나 'đi'이라는 한 글자로 사용됩니다. 또 베트남어에는 '~은, ~는, ~을, ~를'과 같은 조사가 없으며, 다만 문장 속에서 문법적인 역할은 그 단어의 위치나 독립된 형태소에 의하여 결정된다는 것입니다.

3. 성조

베트남어를 처음 배울 때 가장 힘든 게 발음과 성조입니다. 베트남어도 중국의 영향을 받아서 성조라는 게 있습니다. 베트남어는 글자마다 고유의 성조를 지니고 있습니다. 성조란 음의 높낮이를 말하는데 똑같은 음절이라도 소리의 높낮이와 장단에 따라 의미가 달라집니다. 중국이 4성인데 비해 베트남은 6성을 쓰고 있습니다.

1성	ma	귀신
2성	má	볼, 엄마
3성	mà	그런데
4성	mả	무덤
5성	mã	말
6성	mạ	벼, 모

위와 같이 성조는 같은 음절에 작용하여 뜻의 차이를 주고 있습니다. 성조는 뒤에서 자세히 다루겠지만 베트남어 학습에 있어서 절대로 소홀히 다루어서는 안 될 중요한 요소입니다.

4. 방언

베트남어의 표준어는 하노이를 중심으로 한 북부지방의 말입니다. 하지만 나라가 긴 지리적 특성으로 후에를 중심으로 한 중부 방언과 호치민을 중심으로 한 남부 방언도 발달했습니다. 대체적으로 북부 방언은 정확하여 듣기가 수월하며, 남부 방언은 비음이 많아 익숙하지 않으면 듣기 어렵습니다. 특히 중부 방언은 베트남인들도 가장 듣기 어렵다고 합니다.이 책에서는 단어 정리란에 참고적으로 북부 방언과 남부 방언의 발음을 함께 표기했습니다.

발음과 성조

1. 베트남어의 문자

베트남어의 문자는 29개로 영어의 알파벳 중 'f, j, w, z'가 존재하지 않고 'ă, â, đ, ê, ô, ơ, ư' 가 추가되어 총 29개의 문자로 이루어집니다.

문자		명칭	발음	문자		명칭	발음
A	a	A	아	N	n	en-nờ	앤너
Ă	ă	Á	아	O	o	O	오-어
Â	â	ớ	어	Ô	ô	Ô	오
B	b	Bê	베	Ơ	ơ	Ơ	어
C	c	Xê	쎄	P	p	Pê	뻬
D	d	Dê	제	Q	q	Cu	꾸
Đ	đ	Đê	데	R	r	e-rờ	애러
E	e	E	애	S	s	ét-sì	앳씨
Ê	ê	Ê	에	T	t	Tê	떼
G	g	Giê	제	U	u	U	우
H	h	Hát	핫	Ư	ư	Ư	으
I	i	i (ngắn)	이 (응안)	V	v	Vê	베
K	k	Ca	까	X	x	ích-xì	익씨
L	l	e-lờ	앨러	Y	y	i (dài)	이 (자이)
M	m	em-mờ	앰머				

2. 베트남어의 모음

1) 단모음

베트남어의 단모음은 반모음 'y'를 포함하여 총 12개입니다.

A Ă Ơ Â E Ê O Ô I Y U Ư (a ă ơ â e ê o ô i y u ư)

A 우리말 '아'와 비슷하나 높고 길게 발음하며 입을 크게 벌린다.
an 안 평안한　　　　　　　làm 람 일하다

Ă 우리말 '아'와 비슷하나 높고 짧게 발음한다. 위의 'A'보다 훨씬 짧다.
ăn 안 먹다　　　　　　　lắm 람 매우

Ơ 우리말 '어'와 비슷하나 높고 길게 발음한다.
cám ơn 깜 언 감사하다　　　mới 머이 새로운

Â 우리말 '어'와 비슷하지만 짧게 발음한다. 위의 'Ơ'보다 훨씬 짧다.
Ấn độ 언 도 인도　　　　　mấy 머이 몇

E 우리말 '애'와 비슷하지만 입을 작게 벌린다.
em 앰 동생　　　　　　　mèo 매오 고양이

Ê 우리말 '에'와 비슷하지만 입을 작게 벌린다.
êm dịu 엠 지우 부드러운　　đêm 뎀 밤

O 입을 크게 벌리고 우리말 '오'와 '어'의 중간 음으로 발음한다.
có 꼬 있다　　　　　　　nóng 농 덥다

Ô 우리말의 '오'와 비슷하지만 입을 더욱더 동그랗게 모으고 발음이 끝날 때까지 입 모양은 변하지 않는다.
cô 꼬 아가씨, 여자 선생님　　sống 쏭 살다

I 우리말의 '이'와 같지만 훨씬 짧게 발음한다. 다른 모음과 함께 발음할 때 다른 모음의 길이가 상대적으로 길다.
in 인 인쇄하다　　　　　　tai 따이 귀

Y 우리말의 '이'와 같다. 하지만 길게 발음하고 다른 모음과 함께 발음할 때 다른 모음보다 'y'의 길이가 상대적으로 길다.

yêu 이-에우 사랑하다   tay 따이 손, 팔

U 우리말의 '우'와 비슷하며 입술 모양은 둥글게 유지한다.

cao su 까오 쑤 고무   lúng túng 룽 뚱 어지러운

Ư 우리말의 '으'와 비슷하다.

giáo sư 지아오 쓰 교수님   lưu ý 르우 이 유의하다

【주의】 o, ô, u가 끝자음 ng, c와 결합하면 발음 후 입술을 모아 마치 입에 풍선을 채운 모양이 되게 발음합니다.

công ty 꼬옹 띠 회사   lúc 룩 시간 앞에 붙이는 전치사

2) 복모음

> 1. 단어의 끝이 자음으로 끝날 때 : iê uye uyê ươ uô
> 2. 단어의 끝이 자음으로 끝나지 않을 때 : ia ua ưa

3. 베트남어의 자음

1) 단자음

베트남어의 단자음은 모두 16개입니다.

> B C D Đ G H K L M N Q R S T V X
> (b c d đ g h k l m n q r s t v x)

우리말 'ㅂ'과 비슷하다.
bác sĩ 박 씨 의사   bán 반 팔다

[= k = qu] 우리말 'ㄲ'과 비슷하다.
cám ơn 깜 언 감사합니다   cơm 껌 밥

[= r = gi] 우리말 'ㅈ'과 비슷하며, 남부(호치민)에서는 모음 'y 이'로 발음한다.
dạ 자(야) 예(대답)   dân tộc 전(연) 똑 민족

Đ đ 우리말 'ㄷ'과 비슷하며, 남부(호치민)에서는 'ㄷ'과 'ㄹ'의 중간 음으로 발음한다.
đi 디 가다 　　　　　　　　　　　　**đ**eo 대오 시계, 안경, 반지 따위를 차다

G g 우리말 'ㄱ'과 비슷하며, 뒤에 모음 e, ê, i가 오면 g 뒤에 h를 표기해 주고, 이때 h
는 발음하지 않는 묵음이다. 곧 g와 gh는 'ㄱ'으로 발음이 같다.
ga 가 지하철역 　　　　　　　　　　**g**hi 기 기록하다

H h 우리말 'ㅎ'과 비슷하다.
hoa 호아 꽃 　　　　　　　　　　　　**h**ồng 홍 분홍색

K k 우리말 'ㄲ'과 비슷한 발음으로, 앞의 'c'와 같다.
kem 깸 아이스크림, 크림 　　　　　　**k**ẹo 깨오 사탕

L l 영어의 'l' 발음이나 우리말 'ㄹ' 발음과 같다. 혀를 입천장에 붙여 발음한다.
là 라 ~이다 　　　　　　　　　　　　**l**ắm 람 매우

M m 우리말 'ㅁ' 발음과 같다.
mẹ 매 엄마 　　　　　　　　　　　　**m**ặn 만 짜다

N n 우리말 'ㄴ' 발음과 같다.
nam 남 남쪽, 남자 　　　　　　　　　**n**ặng 낭 무거운

Q q 베트남어에서 q는 모음 u와 항상 붙여 발음하는데 우리말 '꾸'와 비슷하다.
quyền lực 꾸이엔 륵 권력 　　　　　**q**uạt máy 꾸앗 마이 선풍기

R r 북부지역 표준어에서는 우리말 'ㅈ'과 비슷하지만, 남부 호치민 지역에서는 영어의
'r' 발음과 같이 혀를 입천장에 대지 않고 둥그렇게 마는 권설음 발음 'ㄹ'이다.
rất 젓(럿) 매우 　　　　　　　　　　**r**ăng 장(랑) 이빨

S s 우리말 'ㅅ', 'ㅆ' 발음과 같다.
sau 싸우 뒤, 후 　　　　　　　　　　**s**ang 상 가다

T t 우리말 'ㄸ' 발음과 비슷하다.
tôi 또이 나 　　　　　　　　　　　　**t**ầng 떵 층

 영어의 'v' 발음, 윗니를 아랫입술에 살짝 대었다가 떼는 'v' 발음이다. 남부지역에서는 'y 이' 발음으로 하기도 한다.

Việt Nam 비엣 남 베트남　　　　　**v**ua 부어 왕

 우리말의 'ㅆ' 발음으로, 앞의 's' 발음과 비슷하다.

xa 싸 멀다　　　　　　　　**x**e 쌔 차

2) 복자음

ch gh gi kh nh ph ng ngh th tr

ch 우리말 'ㅉ' 발음과 같다. 북부지역에서는 혀를 마는 권설음으로 발음하고, 남부지역에서는 'tr'과 같은 권설음이 아닌 가벼운 'ㅉ'으로 발음한다.

chào 짜오 안녕　　　　　**chi**ều 찌에우 오후

gh 단자음 'g'처럼 모음 'e, ê, i' 앞에 쓰여 우리말 'ㄱ'과 같이 발음한다.

ghế 게 의자　　　　　　　**gh**é vào 개 바오 잠깐 들르다

gi 영어의 'z' 발음과 같다.

gia đình 지아 딩 가족　　　　**gi**ao lưu 지아오 르우 교류하다

kh 우리말 'ㅋ' 발음과 비슷하다.

không 콩 아니다　　　　　**kh**ỏe 코애 건강한

nh 우리말 'ㄴ' 발음과 비슷하다.

nhau 니아우 함께　　　　　**nhi**ều 니에우 많은

ph 영어의 'f' 발음과 같이 윗니를 아랫입술에 살짝 대었다 떼는 'ㅍ' 발음이다. *베트남어에는 'f'가 없음.

phương **ph**áp 프엉 팝 방법

ng 우리말 '응'과 같은 발음으로, 다른 모음과 함께 발음할 때 하나씩 읽어 준다.

nga 응아 상아

nguyễn 응우이옌 베트남의 가장 많은 성씨 응우옌, 누옌

ngh 'ng'처럼 우리말 '응'과 같이 발음하지만 모음 'e, ê, i' 앞에서 'h'를 표기만 하고 발음은 하지 않는다.

nghiên cứu 응이엔 끄우   연구   **ngh**e 응애 듣다

th 우리말 'ㅌ' 발음과 같다.

thành phố 타잉 포 도시   **th**ả 타 놓다, 놓아주다

tr 앞의 'ch' 발음과 같지만 권설음이 아닌 가벼운 'ㅉ' 발음이다.

triệu 찌에우 백만   **tr**ao đổi 짜오 도이 거래하다

3) 끝자음

베트남어의 자음 가운데 형태상 끝자음으로 쓰이는 자음은 모두 8개뿐입니다. 이들 끝자음은 앞에 결합되는 모음의 발음에 많은 영향을 줍니다.

-m **-n** **-ng** 각각 우리말 '-ㅁ, -ㄴ, -ㅇ' 받침으로 발음한다.

là**m** 람 일하다
bạ**n** 반 친구
khô**ng** 콩 아니다

-c **-p** **-t** 각각 우리말 '-ㄱ, -ㅂ, -ㅅ' 받침으로 발음한다.

cá**c** 깍 각각의
bế**p** 벱 부엌
lá**t** 랏 잠시

-nh **-ch** 앞에 모음 'a'가 올 때, 즉 'anh', 'ach'일 때에는 각각 우리말 '아잉', '아익'으로 발음하고, 앞에 'a'를 제외한 다른 모음이 올 때에는 각각 우리말 '-ㄴ' 혹은 '-ㅇ, -ㄱ' 받침으로 발음한다.
※ 남부 방언에서는 모음에 상관없이 각각 우리말 '-ㄴ' 혹은 '- ㅇ, -ㄱ' 받침으로 발음한다.

xa**nh** 싸잉(싼) 푸른
sá**ch** 싸익(싹) 책

4. 베트남어의 성조

성조란 음의 높낮이를 나타내며 베트남어에는 다음과 같은 총 6개의 성조가 있습니다.

không dấu (콩 저우)   dấu sắc (저우 삭)   dấu huyền (저우 후이엔)
dấu hỏi (저우 호이)   dấu ngã (저우 응아)   dấu nặng (저우 낭)

성조가 6개라는 것은 쉽게 말해 한 알파벳 단어당 총 6개의 서로 다른 음의 높낮이가 있다는 것이며, 한 알파벳 단어에 성조가 붙어 최대 6개의 서로 다른 뜻을 가질 수 있다는 말입니다.

1) Không dấu – 1성, 모음 위에 아무런 표시가 없는 성조.

우리말의 보통 높이보다 조금 높은 음에서 평평하게 발음한다.

ma   xa   hoa

2) Dấu sắc – 2성, 모음 위에 올라가는 표시(´)의 성조.

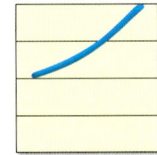

음을 부드럽고 빨리 올려준다.

sách   cá   bút

3) Dấu huyền – 3성, 모음 위에 내려가는 표시(`)의 성조.

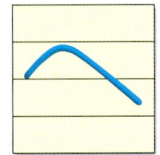

음을 부드럽고 천천히 아래로 길게 내려준다.

bà   ngoài   trường

4) Dấu hỏi – 4성, 모음 위에 물음표 모양(’)의 성조.

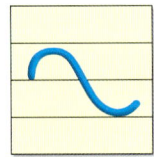

음을 부드럽게 살짝 올렸다가 마치 원을 그리듯이 천천히 내린 후 끝을 약간 올려준다.

trả   mỏng   để

5) Dấu ngã – 5성, 모음 위에 물결 모양(~)의 성조.

음을 성대에 살짝 힘을 주고 빨리 내렸다가 다시 빨리 올려준다.

sẽ   mãi   lãi

6) Dấu nặng – 6성, 모음 아래에 점 모양(̣)의 성조.

음을 마치 내려 끊어 주듯이 짧게 내린다.

nh<u>ẹ</u>   thu<u>ậ</u>n   g<u>ặ</u>p

[성조에 따라 뜻이 달라지는 단어의 예]

chuyên : 전문적인   chuyến : 차편   chuyền : 건네주다

chuyển : 옮기다, 이사하다   chuyễn : 뜻이 없음   chuyện : 일, 문제

ma : 귀신   má : 볼, 엄마   mà : 그런데   mả : 무덤   mã : 말   mạ : 벼, 모

[성조 연습]

1) không dấu

xem tivi 쌤 띠비 TV 보다   đi mua 디 무어 사러 가다   vân vân 번번 기타 등등

2) dấu sắc

lúng túng 룽 뚱 혼란스러운   đất nước 덧 느억 국가   bóng đá 봉 다 축구

3) dấu huyền

lì xì 리 씨 새뱃돈   dần dần 전 전 점점   đồng hồ 동 호 시계

4) dấu hỏi

hủy bỏ 후이 버 취소하다   thỉnh thoảng 팅 토앙 가끔   ngủng ngẳng 응웅 응앙 거만한

5) dấu ngã

mãi mãi 마이마이 영원히   nhũng nhiễu 늉 니에우 박해하다

6) dấu nặng

vận động 번 동 운동   hẹn gặp lại 핸 갑 라이 다시 만나!

chuyến   c → h → u → y → e → ^ → ´ → n

đất nước   đ → a → ^ → ´ → t → n → ư → ơ → ´ → c

vận động   v → a → ^ → . → n → đ → o → ^ → . → n → g

일상회화편

Chào anh!

Chào chị!

Unit 01

Xin chào!
안녕하세요!

기본회화

Mai : **Xin chào!**
씬 짜오

Susan : **Xin chào!**
씬 짜오

Hương : **Chào anh!**
짜오 아잉

Nam : **Chào chị!**
짜오 찌

Triệu : **Chào em!**
짜오 앰

Mai : **Xin lỗi!**
씬 로이

Hoa : **Không sao!**
콩 싸오

Hưng : **Cám ơn!**
깜 언

Vân : **Không có gì!**
콩 꼬 지

Chào anh!

Chào chị!

해석

마이 : 안녕하세요!   수잔 : 안녕하세요!

흐엉 : 안녕하세요!(남성에게)   남 : 안녕하세요!(여성에게)   찌에우 : 안녕!(연하의 사람에게)

마이 : 미안합니다!   호아 : 괜찮습니다!

흥 : 고맙습니다!   번 : 천만에요!

기본회화 해설

1. Xin chào! 안녕하세요!

베트남어에서 가장 기본적인 인사 표현으로, 처음 만났을 때나 격식 있는 자리에서 쓰는 인사말입니다. chào(안녕하다)와 높임말을 만들어 주는 기능을 하는 xin이 만나서 '안녕하십니까?'가 됩니다. 어느 정도 친밀해진 다음에는 이 인사 표현을 쓰지 않고 다른 인사 표현을 쓰는데, 그것이 바로 'chào+2인칭' 인사 표현입니다.

2. Chào anh! / Chào chị! / Chào em! 안녕하세요!

'chào+2인칭' 인사 표현으로 가장 대표적인 예입니다. 베트남어의 2인칭은 나이, 성별, 직업, 직책에 따라 매우 다양합니다. 영어처럼 간단하게 you에 해당하는 단어가 매우 다양하다 보니까 다소 복잡하게 느껴질 수 있지만 좀더 다양하고 다채로운 베트남어의 특색이기도 합니다.

〈베트남어의 2인칭〉

anh 아잉(안)	연상 남자 / 형, 오빠	chị 찌	연상 여자 / 누나, 언니
em 앰	연하 남, 녀 / 너, 학생	bạn 반	동년배 / 친구, 너
ông 옹	할아버지	bà 바	할머니
thầy 터이	남자 선생님	cô 꼬	여자 선생님

그렇다면 남자 선생님께 인사를 할 때는 'chào+2인칭', 즉 간단히 chào thầy!라고 하면 됩니다. 격식을 갖추어 높임말로 인사하고 싶다면 역시 문장 제일 앞에 xin이라는 단어를 붙여서 Xin chào thầy!라고 하면 됩니다. 물론 사람 이름도 2인칭이기 때문에 'chào+사람 이름'으로 인사해도 좋습니다. 예를 들면 Chào Hương! Chào Min-soo.라고 해도 매우 친근한 인사법입니다.

3. Không có gì! 괜찮습니다!

베트남어에서 không은 가장 대표적인 부정사(서술어를 부정하는 기능)로 서술어 앞에 쓰이며 '~아니다'라는 뜻입니다. có라는 단어가 '있다'라는 뜻이기 때문에 không có 하면 '있지 않다', 곧 '없다'가 되고 Không có gì! 하면 '무엇도 있지 않다', '아무것도 없다' 즉 '천만에요!' 하는 뜻이 됩니다.

word 새로 나온 단어

xin 씬	문장 제일 앞에서 높임말을 만들어 주는 기능을 하는 단어	**em** 앰	너(선생님이 학생을 칭할 때)
		lỗi 로이	과실, 실수, 잘못
chào 짜오	안녕, 안녕하다	**không** 콩	아니다(부정사)
anh 아잉(안)	당신, 오빠, 형	**có** 꼬	있다
chị 찌	당신, 누나, 언니	**gì** 지	무엇(의문사)

주요표현

Tip

2인칭 anh, em… 등등 뒤에 이름을 붙여서 인사해도 됩니다.

Chào anh Jin-soo!
짜오 아잉 진수
안녕하세요, 진수씨!

Chào em Nga!
짜오 앰 응아
안녕, 응아야!

Tip

선생님과 학생의 인사. 선생님께는 높임말이 되게 문장 앞에 'xin'을 붙였고, 학생은 동생을 나타내는 2인칭과 같은 'em'을 써서 칭합니다.

Xin chào cô!
씬 짜오 꼬
안녕하세요, 선생님!

Chào em!
짜오 앰
안녕!

Lâu lắm không gặp!
러우 람 콩 갑
오랜만입니다!

Tip

직역하면 '당신은 건강하십니까?'라는 뜻으로 안부를 물을 때 사용되는 표현입니다.

Anh có khỏe không?
아잉 꼬 코애 콩
잘 지내셨나요?

Cám ơn, tôi khỏe.
깜 언 또이 코애
고마워요, 나는 건강해요.

Tip

접속사 còn은 '그리고, 그러나'라는 뜻을 가지고 있지만 'còn+2인칭'은 '당신은요?, 너는?'이라고 번역해 주면 됩니다.

Còn chị?
꼰 찌
당신은요?

Tôi cũng khỏe.
또이 꾸웅 코애
나도 역시 건강해요. (나는 잘 지내요.)

Tip

bình thường이라는 단어는 한자어 '평상(平常)'에 해당하는 말로, '평상시와 같다, 보통이다'라고 번역하면 됩니다.

Tôi bình thường.
또이 빈 트엉
나는 그저 그래요.

Tip

không은 '~가 아니다'라는 뜻의 부정사로, 서술어 앞에 위치합니다.

Tip

lại라는 단어는 '다시'라는 뜻으로 동사 뒤에서 '다시 ~하다'라고 번역해 주면 됩니다.

Tip

tạm은 '잠시(暫)'라는 뜻이고, biệt은 '이별하다(別)'라는 한자어입니다. 그래서 합치면 '잠시만 이별해!', '곧 만나!', '또 봐!'라는 뜻입니다.

Tôi không khỏe.
또이 콩   코애
나는 좋지 않아요.

Hẹn gặp lại!
핸   갑   라이
또 만나요!

Tạm biệt!
땀   비엣
안녕!

Hẹn gặp lại!

 **주요표현 단어**

lâu 러우	오래된	còn 꼰	그리고, 그러나
lắm 람	매우, 아주	cũng 꾸웅	또한, 역시
không 콩	~가 아니다	bình thường 빈 트엉	보통, 그럭저럭
gặp 갑	만나다	hẹn 핸	약속하다
có 꼬	있다	lại 라이	다시
cám ơn 깜 언	감사합니다	tạm 땀	잠시
tôi 또이	나(1인칭)	biệt 비엣	이별하다
khỏe 코애	건강한		

có ~ không 의문문 1

베트남어도 다른 언어들과 마찬가지로 매우 다양한 형태의 의문문이 존재합니다. 의문사의문문, 부가의문문, có ~ không 의문문, đã ~ chưa 의문문, bao lâu rồi 의문문 등등…

그중에서 가장 기본적이지만 또 어렵게 느껴질 수도 있는 'có ~ không 의문문'에 대해서 살펴 보겠습니다.

자, 먼저 có라는 단어와 không이라는 단어는 원래 각기 뜻이 있습니다.

1과에서 Không có gì!라는 표현을 배웠는데, 여기서 không은 '~가 아니다'라는 뜻의 부정사로 뒤에 오는 서술어를 부정해 주는 기능을 했었지요. có는 동사로 '있다, 존재하다'라는 뜻이고요. 하지만 이 có와 không이 같이 쓰이면 원래의 뜻이 사라지고 의문문을 만드는 구성 요소가 되는데, 형식은 다음과 같습니다.

> **주어 + có + 서술어(동사, 형용사) + không?**

이와 같이 có가 서술어 앞에 쓰이고 문장 끝에 không이라는 단어가 오고, 마지막에 물음표(?) 가 붙어 있다면 이것은 'có ~ không 의문문'입니다. 원래의 의미 có(있다), không(아니다)가 사라지고 có ~ không은 '~합니까?'라는 뜻이 됩니다.

다시 한 번 정리하자면 có와 không 사이에 동사나 형용사가 들어가고 문장 끝에 물음표가 붙어 있을 때의 번역은 '~합니까?'라고 번역합니다.

예문을 볼까요?

Anh **có** khỏe **không**? 당신은 건강하십니까?

당신은 khỏe 합니까? khỏe는 '건강한', 즉 '당신은 건강하십니까?'라고 번역하면 됩니다. 그럼 다른 예문도 볼까요?

Anh **có** thích Việt Nam **không**? 당신은 베트남을 좋아하십니까?

thích은 '좋아하다'라는 뜻의 동사입니다. 그렇다면 번역은 '당신은 베트남을 좋아하십니까?'라 고 되겠습니다.

có가 서술어 앞에 쓰이고 문장 끝에 không과 물음표가 붙어 있을 때는 의문문이 된다는 사실을 꼭 잊지 마세요!

연습문제

1. 다음 ( ) 안에 알맞은 단어를 넣으세요.

1) Xin ( )!   안녕하세요!

2) Chào ( )!   안녕하세요! (남자분에게)

3) A : Xin lỗi!   미안합니다!

    B : ( )!   괜찮습니다!

4) Xin chào ( )!   안녕하세요! (여자) 선생님!

5) Lâu lắm ( ) gặp!   오랜만입니다!

2. 다음을 해석하세요.

1) Xin chào ông!

2) Anh có khỏe không?

3) Cám ơn, tôi bình thường.

4) Anh có thích Hàn Quốc không?

3. 다음과 같은 말을 고르세요.

    Hẹn gặp lại!

① Chào thầy ạ!   ② Cám ơn, tôi khỏe!

③ Tạm biệt!   ④ Xin lỗi!

정답

1. 1) chào   2) anh   3) không sao   4) cô   5) không   **2.** 1) 안녕하세요 할아버지!   2) 당신은 잘 지내십니까?   3) 감사합니다, 저는 그저 그렇습니다.   4) 당신은 한국을 좋아합니까?   **3.** ③

주제별 단어

▶ 관공서 · 학교

nhà thờ 교회
냐 터

bưu điện 우체국
브우 디엔

sở cảnh sát 경찰서
써 까잉 쌋

bệnh viện 병원
벵 비엔

sân bay 공항
썬 바이

trường học 학교
쯔엉 혹

trạm cứu hỏa 소방서
짬 끄우 호아

cảng 항구
깡

ngân hàng 응언 항   은행

tòa thị chính 또아 티 찡   시청

tòa án 또아 안   법원

đại sứ quán 다이 쓰 꾸안   대사관

lãnh sự quán 라잉 쓰 꾸안   영사관

thư viện 트 비엔   도서관

phòng cấp cứu 퐁 껍 끄우   응급실

đài phát thanh 다이 팟 타잉   방송국

ga xe lửa / ga tàu hỏa 가 쌔 르어 / 가 따우 호아   기차역

ga tàu điện ngầm 가 따우 디엔 응엄   지하철역

trường mầm non 쯔엉 멈 논   유치원

trường học cấp 1 / trường tiểu học 쯔엉 혹 껍 못 / 쯔엉 띠에우 혹   초등학교

trường học cấp 2 / trường trung học cơ sở 쯔엉 혹 껍 하이 / 쯔엉 쭝 혹 꺼 써   중학교

trường học cấp 3 / trường trung học phổ thông 쯔엉 혹 껍 바 / 쯔엉 쭝 혹 포 통   고등학교

trường đại học 쯔엉 다이 혹   대학교

베트남어와 한자어

  지도에서 보시다시피 베트남은 중국의 남부에 위치한 나라이지요! 우리나라도 중국의 영향을 많이 받아 단어 중에 한자어가 정말 많은데요, 베트남도 중국의 영향을 직, 간접적으로 많이 받은 나라 중의 하나입니다. 실제로 1,000년간 중국의 지배를 받기도 했었죠. 따라서 베트남어의 어휘 중 60% 정도가 한자어라는 것도 이상하게 들리지 않지요? 그래서 동양 한자 문화권 사람들이 공부하기에 매우 유리합니다. 그 예를 들어볼까요?

  한국어에서 '국가'라는 단어를 베트남어로 써 보면 'Quốc gia'라는 단어입니다. 이 단어의 발음은 '꾸옥 지아'입니다. 비슷하지요? 또한 이 'Quốc'이라는 단어는 한자의 '國(나라 국)'에 해당되는 단어로 앞으로 이 단어를 보시면 다 '나라'라는 뜻으로 번역해 주시면 돼요!

  자, 여러분! 'Hàn Quốc 한꾸옥'이란 말의 베트남어는 무슨 뜻일까요? 예! '한국'이라는 뜻이지요? 그러면 'Trung Quốc 쭝꾸옥'이라는 단어는 무엇일까요? 네! 바로 '중국'입니다. 베트남어 공부하기가 참 재미있겠지요?

  또한 우리나라 말에서의 특징처럼 베트남어 구어체에서는 순 베트남어가 많지만 문어체에서는 한자어가 많이 쓰인답니다. 곧 어려운 단어들을 우리가 매우 쉽게 공부할 수 있는 장점이 있는 것이죠!

다음 예를 미리 공부할까요?

베트남어	중국어(한자)	한국어
Văn hóa 반호아	文化 원 화	문화
Xã hội 싸 호이	社會 셔 훼이	사회
Kinh tế 낑 떼	經濟 찡 찌	경제

Unit 02

Rất vui được gặp anh!
만나서 반갑습니다!

기본회화

Woo-jin : **Chào cô Mai!**
짜오 꼬 마이

Mai : **Chào anh! Xin giới thiệu, đây là Hương.**
짜오 아잉 씬 져이 티에우 더이 라 흐엉

Hương : **Xin chào! Rất vui được gặp anh!**
씬 짜오 젓 부이 드억 갑 아잉

Woo-jin : **Rất vui được gặp cô! Xin tự giới thiệu.**
젓 부이 드억 갑 꼬 씬 뜨 져이 티에우

Tôi tên là Woo-jin.
또이 뗀 라 우진

Hương : **Xin lỗi, anh làm nghề gì?**
신 로이 아잉 람 응에 지

Woo-jin : **Tôi làm giáo viên. Còn cô, cô làm gì?**
또이 람 지아오 비엔 꼰 꼬 꼬 람 지

Hương : **Tôi là bác sĩ.**
또이 라 박 씨

Chào cô Mai!

Chào anh! Xin giới thiệu, đây là Hương.

Xin chào! Rất vui được gặp anh!

해석

우진 : 안녕하세요, 마이씨!

마이 : 안녕하세요! 소개해 드릴게요, 이분은 흐엉이에요.

흐엉 : 안녕하세요! 만나서 반갑습니다!

우진 : 만나서 반갑습니다! 제 소개를 할게요.
나의 이름은 우진입니다.

흐엉 : 실례지만, 당신의 직업은 무엇입니까?

우진 : 나는 선생님입니다. 당신은요? 당신은 무슨 일을 하시나요?

흐엉 : 나는 의사입니다.

1. Xin giới thiệu. / Xin tự giới thiệu. 소개해 드릴게요. / 제 소개를 할게요.

Xin giới thiệu.는 타인에게 타인을 소개할 때 쓰는 말입니다. giới thiệu라는 단어는 '소개하다'라는 뜻인데, 높임말을 만드는 기능을 하는 xin이 앞에 와서 '소개해 드릴게요, 소개하겠습니다'라는 뜻이 됩니다. Xin tự giới thiệu. 이 문장을 살펴보면 앞에서 설명한 Xin giới thiệu.에 tự라는 단어가 하나 더 추가되어 있지요? 이 tự는 한자어의 '자(自)'에 해당되는 말로 '스스로'라는 뜻입니다. 따라서 tự giới thiệu는 '스스로 소개하다', 여기에 xin을 추가하면 '자기소개 하겠습니다, 제 소개를 하겠습니다'가 됩니다.

2. Rất vui được gặp anh! 만나서 반갑습니다!

'만나서 반갑습니다'라는 뜻의 이 문장은 베트남어를 처음 배우는 초보자에게는 다소 어렵게 느껴질 수 있습니다. 하지만 매우 많이 쓰이는 말이니만큼 꼭 외워 두시기를 추천합니다! rất은 '매우', vui는 '즐겁다, 기쁘다', gặp은 '만나다'라는 뜻이며, được은 수동형을 나타내는 말로 'được+동사'로 쓰여 '~하게 되다'라고 번역하면 됩니다. 따라서 Rất vui được gặp anh!을 단어 순서대로 풀이하면 '매우/기쁩니다/만나게 되어서/당신을'이고, 이것을 정리하면 '당신을 만나서 매우 기쁩니다, 만나서 반갑습니다'라는 뜻이 됩니다.

3. Anh làm nghề gì? / Cô làm gì?
당신의 직업은 무엇입니까? / 당신은 무슨 일을 하시나요?

Anh làm nghề gì?와 Cô làm gì?는 직업을 묻는 데 가장 많이 사용되는 표현입니다. làm이라는 동사는 매우 많은 뜻을 가지고 있는데, 그중에서 가장 대표적인 것이 '일하다'라는 뜻과 '~하다(영어의 do)'라는 뜻입니다. 그렇다면 Anh làm gì?라는 문장은 '당신은 무슨 일을 하십니까?'와 '당신은 무엇을 하십니까?(밥 먹습니까? 운동합니까? 등등)' 이렇게 두 가지로 번역될 수 있으므로 상황에 맞게 이해해야 합니다.

🗒 새로 나온 단어

giới thiệu 저이 티에우	소개하다, 소개	**tự** 뜨	스스로(自)
đây 더이	이분, 이 사람, 이것	**tên** 뗀	이름
rất 젓(럿)	매우, 아주, 무척	**là** 라	~이다(영어의 be동사에 해당)
vui 부이	즐거운, 기쁜	**làm** 람	일하다, 하다
được 드억	~하게 되다(được+동사)	**nghề** 응에	직업
gặp 갑	만나다	**bác sĩ** 박 씨	의사

Xin chào anh Mạnh!
씬 짜오 아잉 마잉
안녕하세요, 마잉씨!

Xin lỗi, anh tên là gì?
씬 로이 아잉 뗀 라 지
실례지만 이름이 무엇입니까?

Anh tên là Kim.
아잉 뗀 라 김
나의 이름은 김입니다.

Tên chị là gì? / Tên của chị là gì?
뗀 찌 라 지 뗀 꾸어 찌 라 지
당신의 이름은 무엇입니까?

Tên tôi là Hoa.
뗀 또이 라 호아
나의 이름은 호아입니다.

Xin chào cô!
씬 짜오 꼬
안녕하세요, 선생님!

Chào em!
짜오 앰
안녕!

Anh làm nghề gì? / Anh làm gì?
아잉 람 응에 지 아잉 람 지
당신의 직업은 무엇입니까?

Tôi là nhân viên công ty.
또이 라 년 비엔 꽁 띠
저는 회사원입니다.

Tôi làm nghề dạy học.
또이 람 응에 자이 혹
저는 가르치는 일을 합니다.(저는 교사입니다.)

Tôi làm giáo viên. / Tôi là giáo viên.

또이 람　지아오 비엔　　또이 라 지아오 비엔

저는 교사 일을 합니다.

Tôi làm giám đốc của công ty ABC.

또이 람　지암 독 꾸어 꽁　띠 아베쎄

나는 ABC회사의 사장입니다.

Tôi là sinh viên của trường đại học Hà Nội.

또이 라 씽　비엔 꾸어 쯔엉　다이 혹　하노이

나는 하노이 대학교의 대학생입니다.(나는 하노이 대학교 학생입니다.)

Rất hạnh phúc được gặp anh!

젓　하잉 푹　드억 갑 아잉

당신을 만나서 너무 행복합니다.

Rất hân hạnh được gặp ông!

젓　헌　하잉 드억 갑　옹

당신을 만나뵙게 되어 영광입니다.

Tôi rất vui mừng được gặp cô!

또이 젓 부이 믕　　드억 갑 꼬

당신을 만나서 저는 매우 기쁘고 즐거워요!

주요표현 단어

tên 뗀	이름	**giám đốc** 지암 독	사장
làm 람	일하다, 하다(영어의 do)	**sinh viên** 씽 비엔	대학생
nghề 응에	직업, 일	**trường đại học** 쯔엉 다이 혹	대학교
nhân viên 년 비엔	직원, 사원	**hạnh phúc** 하잉(한) 푹	행복한
công ty 꽁 띠	회사	**hân hạnh** 헌 하잉(한)	영광인, 기쁜
dạy học 자이 혹	가르치다	**vui mừng** 부이 믕	기쁜, 즐거운
giáo viên 지아오 비엔	선생님, 교사		

베트남어의 동사문장 1

베트남어의 동사문장에 대해 좀 살펴보려고 합니다. 영어에는 1형식에서 5형식까지 동사의 종류에 따른 문장들이 있지요? 이와 같은 맥락에서 베트남어의 문장을 살펴볼 텐데요, 베트남어는 훨씬 간단합니다.

동사문장은 크게 두 종류로 나누어집니다. là 동사문장과 일반동사 문장입니다. 그중에서 이번 과에서는 là 동사문장에 대해 알아보도록 하겠습니다.

là 동사문장

문장에서 서술어가 바로 là라는 동사인데요, 쉽게 말해서 영어의 be동사라고 생각하면 됩니다.

구조 : 주어 + là + 목적어(명사, 명사구, 명사절)

하지만 여기서 영어와 다른 점이 있다면 목적어의 자리에 오직 명사 역할을 하는 것만 올 수 있다는 것입니다. 형용사도 올 수 있는 영어와는 차이가 있습니다. 다음 예문을 보겠습니다.

Anh Minh **là** bác sĩ. 밍씨는 의사이다.

부정형도 살펴보도록 하지요. 자, 여기서 꼭 주의해야 할 것은, 일반적으로 베트남어의 부정은 không이라는 단어를 서술어 앞에 위치시켜 주는데, là 동사문장은 không이 아니라 không phải 를 위치시켜 줍니다!

Anh Minh **không phải** là bác sĩ. 밍씨는 의사가 아니다.

다음은 là 동사문장의 의문형도 살펴보겠습니다. là 동사문장의 의문형은 앞서 배운 'có ~ không 의문문'과는 다른 형식을 취합니다. 여러 가지 형태가 있지만 간단하면서도 가장 많이 쓰이는 형태를 살펴보지요.

바로 'phải không 의문문'인데요, 'phải không(그렇습니까, ~입니까)'을 문장 끝에 부가시켜 주는 형식의 의문문이지요. 형태는 간단하게, 'là 문장 ~, +phải không?'이라고 하면 됩니다. 번역은 '~합니까?'라고 합니다.

Anh Minh là bác sĩ, **phải không**? 밍씨는 의사입니까?

연습문제

1. 다음 ( ) 안에 알맞은 단어를 넣으세요.

1) Anh ( ) là gì?   당신의 이름은 무엇입니까?

2) Cô ( ) nghề gì?   당신의 직업은 무엇입니까?

3) A : Anh làm gì?   당신은 무슨 일을 하십니까?

   B : Tôi làm ( ).   저는 교사입니다.

4) Xin ( ) giới thiệu.   제 소개를 하겠습니다.

• tên : 이름
• làm nghề : 직업을 일하다
• giới thiệu : 소개하다

2. 다음을 해석하세요.

1) Xin giới thiệu, đây là cô Lan.

    ▶

2) Tên tôi là Hương.

    ▶

3) Tôi làm sinh viên.

    ▶

4) Tôi không phải là bác sĩ.

    ▶

• đây : 여기, 이분
• tên : 이름
• sinh viên : 대학생
• bác sĩ : 의사

3. 다음과 같은 말을 고르세요.

Tôi tên là Min-soo.

① Tên tôi là Min-soo.

② Tôi không phải là Min-soo.

③ Tôi là Hương.

④ Tên tôi không phải là Min-soo.

• không phải là : ~가 아니다

정답

1. 1) tên   2) làm   3) giáo viên   4) tự   2. 1) 소개해 드릴게요, 이분은 란씨입니다.   2) 나의 이름은 흐엉입니다.   3) 나는 학생입니다.   4) 나는 의사가 아닙니다.   3. ①

주제별 단어

▶ 직업

nhân viên công ty 회사원
년 비엔 꽁 띠

cảnh sát 경찰
까잉(깐) 쌋

nhân viên ngân hàng 은행원
년 비엔 응언 항

đầu bếp 주방장
더우 벱

người lao động 노동자
응어이 라오 동

y tá 간호사
이 따

họa sĩ 화가
호아 씨

bác sĩ 의사
박 씨

học sinh 혹 씽 학생	**sinh viên** 씽 비엔 대학생
giáo viên 지아오 비엔 선생님	**kiến trúc sư** 끼엔 쭉 쓰 건축가
nhà báo 냐 바오 신문기자	**phóng viên** 퐁 비엔 기자
diễn viên 지엔(이엔) 비엔 연예인	**thư ký** 트 끼 비서
người nội trợ 응어이 노이 쩌 주부	**người bán hàng** 응어이 반 항 판매원
nhà thương gia 냐 트엉 지아 사업가	**giám đốc** 지암 독 사장
nghiên cứu sinh 응이엔 끄우 씽 연구원	**luật sư** 루엇 쓰 변호사
trưởng phòng 쯔엉 퐁 과장, 팀장	**kỹ sư** 끼 쓰 기술자
người quản lý 응어이 꾸안 리 관리인, 매니저	**nông dân** 농 전(연) 농부
công chức 꽁 쯕 공무원	**nhà thiết kế** 냐 티엣 께 디자이너
nhân viên tiếp thị 년 비엔 띠엡 티 마케팅 사원	**ca sĩ** 까 시 가수
chuyên viên làm đẹp 쭈옌 비엔 람 댑 미용사	**mẫu** 머우 모델
hướng dẫn viên 흐엉 전 비엔 여행 가이드, 안내원	**phi công** 피 꽁 파일럿, 비행사
người lái xe / tài xế 응어이 라이 쌔 / 따이 쎄 운전사	

베트남의 직업들

이번에는 특이한 베트남의 이색 직업에 대해 좀 알아보겠습니다.

베트남의 거리를 걷다 보면 여러 가지 이색 직업에 종사하시는 분들을 많이 만날 수 있는데요. 첫번째로는 '쥐잡이'입니다. 베트남은 기후가 더운 나라이고, 위생 환경이 아직까지는 그렇게 좋지는 않습니다. 공포의 날아다니는 바퀴벌레, 쥐도 많기로 유명하죠. 그래서 오토바이나 자전거를 타고 다니며 쥐를 잡아 주고, 쥐잡이 끈끈이를 파는 직업이 있답니다. 수입은 하루 4~5만 동(한화 약 2,200원~2,750원), 한 달 70만 동(한화 약 40,000원) 정도로 매우 적은 편입니다. 하지만 수입이 적어도 씩씩하게 근면히 살아가는 베트남 사람들을 엿볼 수 있습니다.

두 번째로는 '말하는 저울'입니다. 사람들이 많이 모인 광장이나 슈퍼마켓 앞에서는 영락없이 찾아볼 수 있는 이 '말하는 저울'은 말 그대로 몸무게와 키를 공개적인 곳에서 돈을 지불하고 재면 말을 해주는 저울입니다. 한번 재는 데 약 2,000~3,000동으로 키와 몸무게뿐만 아니라 '약간 뚱뚱해요!', '너무 말랐어요!' 등 주관적인 의견도(?) 마음껏 이야기해 준답니다. 지나가면서 재미로 해볼 수 있지요. 누가 돈을 지불하고 창피를 무릅쓰고 할까 싶지만 하루에 20만 동~30만 동(한화 11,000원~16,500원)을 거뜬히 번다고 합니다.

마지막으로는 '코팅해 주는 아저씨'입니다. 길거리를 지나다니다 보면 'ép dẻo đi(코팅하세요!)'라는 광고판을 흔히 볼 수 있는데, 신분증·호적·상장·자격증 등 무엇이든지 코팅해 줍니다. 요즘 베트남 사람들이 서류를 영구보전하고 싶어하기 때문에 이 직업의 수입도 짭잘합니다. 운이 좋은 날은 서류 뭉치를 코팅할 때도 있는데, 그때는 100만 동(한화 약 55,000원)도 거뜬히 번다고 합니다.

Unit 03

Tôi là người Việt Nam.
나는 베트남 사람입니다.

기본회화

Morang : **Chào anh! Xin lỗi, anh tên là gì?**
짜오 아잉 씬 로이 아잉 뗀 라 지

Minh : **Chào cô! Tôi tên là Minh.**
짜오 꼬 또이 뗀 라 밍

Morang : **Anh là người Việt Nam, phải không?**
아잉 라 응어이 비엣 남 파이 콩

Minh : **Dạ, phải, tôi là người Việt Nam.**
자 파이 또이 라 응어이 비엣 남

Còn cô? Cô là người nước nào?
꼰 꼬 꼬 라 응어이 느억 나오

Morang : **Tôi là người Hàn Quốc.**
또이 라 응어이 한 꾸옥

Minh : **Thế à? Cô nói tiếng Việt giỏi quá!**
테 아 꼬 노이 띠엥 비엣 지오이 꾸아

Morang : **Cám ơn anh, tôi đang học tiếng Việt.**
깜 언 아잉 또이 당 혹 띠엥 비엣

해석

모랑 : 안녕하세요! 죄송하지만, 당신의 이름은 무엇입니까?
밍 : 안녕하세요! 나의 이름은 밍입니다.
모랑 : 당신은 베트남 사람이지요?
밍 : 네, 나는 베트남 사람입니다.
　　당신은요? 당신은 어느 나라 사람입니까?
모랑 : 나는 한국 사람입니다.
밍 : 그래요? 당신은 베트남어를 아주 잘하는군요!
모랑 : 고맙습니다. 나는 지금 베트남어를 배우고 있습니다.

기본회화 해설

1. Anh là người Việt Nam, phải không? 당신은 베트남 사람이지요?

여기서는 'phải không 의문문', 즉 부가의문문에 대해서 살펴볼 텐데요, 지난 2과의 문법이야기에서 소개한 là 문장과 함께 많이 쓰이는 의문문입니다. '그렇습니까?'라는 뜻의 phải không을 평서문 끝에 붙이면 의문문이 됩니다. 예를 들어, Anh là người Việt Nam.이라는 평서문에 phải không을 부가시켜서 의문문을 만들면 'Anh là người Việt Nam, + phải không?(당신은 베트남 사람입니다, 그렇습니까?)'가 됩니다.

2. Cô là người nước nào? 당신은 어느 나라 사람입니까?

이 문장 역시 국적을 묻는 질문인데요, nào라는 의문사를 써서 물어보는 방법입니다. 의문사 nào는 '어떤, 무슨'이라는 뜻으로 앞서 배운 gì와 비슷한 뜻입니다. 번역하면 '당신은 어느 나라 사람입니까?'가 되겠지요.

3. Cô nói tiếng việt giỏi quá! 당신은 베트남어를 아주 잘하는군요!

'베트남어를 잘한다!'라는 표현입니다. 구조를 분석하면 '주어+동사+목적어+형용사+부사' 순입니다. 일단 '베트남어를 한다'라는 문장에 '매우 잘'이라는 수식어를 뒤에 붙여 준 구조라고 생각하면 됩니다.

4. Tôi đang học tiếng Việt. 나는 지금 베트남어를 배우고 있습니다.

시제가 드디어 나왔는데요, 이번 3과 문법이야기에서 자세히 다룰 예정이니 간단하게 짚고 넘어가겠습니다. 'đang+동사'는 '~하고 있는 중이다'라는 현재진행형을 나타냅니다. 곧 '나는 베트남어를 공부하고 있는 중이다.'라는 뜻이 됩니다.

word 새로 나온 단어

người 응어이	사람		**Hàn Quốc** 한 꾸옥	한국
Việt Nam 비엣 남	베트남		**thế à** 테 아	그래요?(놀랐을 때 되묻는 말)
~phải không 파이 콩	그렇습니까?(문장 끝에 부가 되어 의문문을 만듦)		**nói** 노이	말하다
			tiếng Việt 띠엥 비엣	베트남어
dạ 자(야)	예(대답)		**giỏi** 지오이	잘하다
phải 파이	네(대답)		**đang** 당	현재진행(시제)
nước 느억	나라, 물(water)			đang+동사 = ~하는 중이다
nào 나오	어떤, 무슨(=gì)		**học** 혹	공부하다, 배우다(學)

Anh là người Mỹ, phải không?
아잉 라 응어이 미 파이 콩
당신은 미국 사람입니까?

Dạ vâng, tôi là người Mỹ.
자 벙 또이 라 응어이 미
네, 맞습니다. 나는 미국 사람입니다.

Dạ, không, tôi là người Anh.
자 콩 또이 라 응어이 아잉
아닙니다. 나는 영국 사람입니다.

Anh đến từ nước nào? / Anh là người nước nào?
아잉 덴 뜨 느억 나오 아잉 라 응어이 느억 나오
당신은 어느 나라에서 왔습니까?

Tôi đến từ Nhật Bản.
또이 덴 뜨 녇 반
나는 일본에서 왔습니다.

Anh xuất thân từ nước nào? / Anh là người nước nào?
아잉 쑤엇 턴 뜨 느억 나오 아잉 라 응어이 느억 나오
당신은 어느 나라 출신입니까?

Tôi xuất thân từ Trung Quốc.
또이 쑤엇 턴 뜨 쭝 꾸옥
나는 중국 출신입니다.

Tôi là người Sài Gòn [thành phố Hồ Chí Minh].
또이 라 응어이 싸이 곤 타잉 포 호 찌 밍
나는 사이곤[호치민] 사람입니다.

Tôi là người Seoul.
또이 라 응어이 서울
나는 서울 사람입니다.

Tôi muốn gặp người Việt Nam.
또이 무온 갑 응어이 비엣 남
나는 베트남 사람을 만나고 싶습니다.

> **Tip**
>
> Dạ는 대답으로 쓰이며 두 가지 쓰임이 있습니다. 긍정적인 대답 '예'라는 뜻이 있고 부정적인 대답 không 앞에 쓰일 때는 yes라는 뜻이 사라지고 대신 높임말을 만들어 주는 기능을 합니다. Không!만 쓴다면 '아니!', '아니요!'라고 번역되는 것을 앞에 Dạ를 붙여주어 '아닙니다'라고 번역합니다.

> **Tip**
>
> 출신 지역을 이야기할 때도, '나는 어느 나라 사람입니다.'와 같은 형식을 써서 말하면 됩니다. 사이곤과 호치민은 같은 말입니다. 호치민의 옛이름이 바로 사이곤이죠.

Bạn của tôi là người Việt Nam.
반 꾸어 또이 라 응어이 비엣 남
나의 친구는 베트남 사람입니다.

Anh sống ở đâu?
아잉 쏭 어 더우
당신은 어디에 사십니까?

Tôi sống ở Hà Nội, Việt Nam.
또이 쏭 어 하 노이 비엣 남
나는 베트남, 하노이에서 삽니다.

Tôi không phải là người Campuchia, tôi là người Việt Nam.
또이 콩 파이 라 응어이 깜뿌찌아 또이 라 응어이 비엣 남
나는 캄보디아 사람이 아니라 베트남 사람입니다.

ở는 장소 앞에 쓰이는 전치사로
'ở+장소'는 '~에서'라고 번역되
며 đâu는 '어디'라는 의문사입
니다.

우리말과는 반대로 지역을 먼저
쓰고 나라 이름을 뒤에 씁니다.

không phải는 là 문장을 부정하
는 기능을 합니다. '~가 아니다'
라는 뜻입니다.

주요표현 단어

Mỹ 미	미국	**gặp** 갑	만나다
vâng 벙	네, 그렇다, 응(대답)	**bạn** 반	친구
Anh 아잉	영국	**của** 꾸어	~의(소유격)
đến 덴	오다, 도착하다	**sống** 쏭	살다
từ 뜨	~에서부터 (=from)	**ở** 어	~에서(ở+장소)
Nhật Bản 녙 반	일본	**đâu** 더우	어디(의문사)
xuất thân 쑤엇 턴	출신	**không phải** 콩 파이	~가 아니다(부정)
Trung Quốc 쭝 꾸옥	중국	**Campuchia** 깜뿌찌아	캄보디아
muốn 무온	원하다, 바라다		

문법이야기

베트남어의 시제

여러분, 시제란 무엇일까요? 간단하게 말해 시간을 표현하는 문법이지요? 베트남어에도 시제가 있지만 영어처럼 복잡하지 않고 아주 간단하답니다. 베트남어의 시제에 대해서 알아볼까요?

먼저 아주 간단하게 과거, 현재, 미래 표현을 어떻게 하는지 알아보겠습니다. 베트남어에서는 각 시제를 나타내는 단어들(시제사)을 동사의 앞에 붙여서 시제를 나타냅니다.

과거는 đã, 현재는 đang, 미래는 sẽ라는 시제사들을 각각 동사의 앞에 위치시켜 주면 됩니다. 정말 간단하지요?

> 과거 : đã + 동사 = ~했다
> 현재진행 : đang + 동사 = ~하는 중이다, ~하고 있다
> 미래 : sẽ + 동사 = ~할 것이다

자, 그럼 동사의 자리에 'học(공부하다)'라는 동사를 넣어볼까요?

> 과거 : đã học 공부했다
> 현재진행 : đang học 공부하는 중이다, 공부하고 있다
> 미래 : sẽ học 공부할 것이다

그럼, 문장에서는 어떻게 쓰이는지 다시 알아보도록 하겠습니다.

> 과거 : Tôi **đã sống** ở Việt Nam. 나는 베트남에서 살았다.
> 현재진행 : Tôi **đang sống** ở Việt Nam. 나는 현재 베트남에서 살고 있다.
> 미래 : Tôi **sẽ sống** ở Việt Nam. 나는 베트남에서 살 것이다.

물론, 어제·내일·모레·지난주·3년 후·내년 등 시간을 나타내는 단어들과 함께 쓸 수도 있습니다.

자! 과거, 현재진행, 미래를 나타낼 때는 đã, đang, sẽ를 동사 앞에 붙인다는 것을 꼭 기억하세요!

연습문제

1. 다음 (   ) 안에 알맞은 단어를 넣으세요.

1) Chào anh! Xin lỗi anh (   ) là gì?
   안녕하세요! 실례지만 이름이 무엇입니까?

2) Anh là (   ) Việt Nam, phải không?
   당신은 베트남 사람입니까?

3) A : Anh là người nước nào?   당신은 어느 나라 사람입니까?
   B : (   ).   나는 일본 사람입니다.

4) Anh (   ) ở đâu?   당신은 어디에서 삽니까?

5) Cô nói tiếng Việt (   ) quá! 당신은 베트남어를 정말 잘하시네요!

- Xin lỗi : 미안합니다
- ~ phải không? : 그렇습
  니까?
- người : 사람
- nước : 나라
- nào : 어떤
- quá : 매우, 아주 , 무척

2. 다음을 해석하세요.

1) Tôi muốn gặp bạn người Việt Nam.

2) Anh ấy sẽ đến Việt Nam.

3) Cô Lee nói tiếng Việt rất giỏi.

4) Tôi xuất thân từ nước Pháp.

- gặp : 만나다
- bạn : 친구
- đến : 오다
- rất : 매우, 아주(= quá)
- giỏi : 잘하다
- xuất thân : 출신
- từ : ~로부터
- Pháp : 프랑스

3. 다음과 같은 말이 <u>아닌</u> 것을 고르세요.

Tôi là người Việt Nam.

① Tôi không phải là người Thái Lan, tôi xuất thân từ Việt Nam.

② Bố mẹ của tôi là người Việt Nam.

③ Quốc tịch của tôi là Hàn Quốc.   ④ Tôi đến từ Việt Nam.

- Thái Lan : 태국
- bố mẹ : 부모
- quốc tịch : 국적

정답

1. 1) tên   2) người   3) Tôi là người Nhật Bản   4) sống   5) giỏi   **2.** 1) 나는 베트남 친구를 만나고 싶습니다.
2) 그는 베트남에 올 것이다.   3) 리는 베트남어를 매우 잘한다.   4) 나는 프랑스 출신입니다.   **3.** ③

▶ **국가 이름**

Hàn Quốc 한국
한 꾸옥

Việt Nam 베트남
비엣 남

Nhật Bản 일본
녇 반

Trung Quốc 중국
쭝 꾸옥

Mỹ 미국
미

Anh 영국
아잉

Pháp 프랑스
팝

Nga 러시아
응아

Thái Lan 타이 란 태국

Lào 라오 라오스

Inđônêxia 인도네씨아 인도네시아

Ý 이 이탈리아

Úc 욱 호주 = 오스트레일리아

Đài Loan 다이 로안 대만

Campuchia 깜뿌찌아 캄보디아

Ấn Độ 언 도 인도

Canađa 까나다 캐나다

Đức 득 독일

Bắc triều tiên 박 찌에우 띠엔 북한

Malaysia 말라이씨아 말레이시아

〈주요 도시 이름〉

Hà Nội 하 노이 하노이

Thành phố Hồ Chí Minh 타잉 포 호 찌 밍 호치민 (= **Sài Gòn** 싸이 곤 사이공)

Hải Phòng 하이 퐁 하이 퐁

Bắc Kinh 박 낑 북경, 베이징

Thương Hại 트엉 하이 상하이

베트남이라는 나라는 어떤 나라인가?

베트남이라는 나라에 대해서 조금 더 자세히 알아볼까요? 베트남은 인도차이나 반도 동쪽에 위치한 북에서 남이 매우 긴 나라입니다. 서북쪽에서 동남쪽까지 최대 길이는 약 1,650km입니다. 북쪽부터 남쪽까지 버스로는 약 35시간, 비행기로는 2시간이나 걸린답니다. 동서간의 최대 너비는 북부 550km, 남부 340km 가량 됩니다. 그리하여 여러 나라들과 국경을 맞대고 있는데, 북쪽으로는 중국, 서쪽으로는 라오스·캄보디아와 국경을 접하고 있으며, 남서쪽으로는 타이 만, 남쪽과 동쪽으로는 남중국해와 통킨 만에 접해 있습니다. 또한 해안선도 3,225km에 달하여 해산물이 매우 풍부합니다.

흔히 베트남의 주요 도시라 하면 하노이와 호치민을 떠올리시는데요, 북부의 1,000년 역사를 지닌 수도 하노이는 역사와 정치의 중심지라고 한다면 남부의 호치민은 경제 중심지라고 할 수 있습니다. 하노이에 쓰는 북부지역의 말이 표준어지만 남부 호치민과 발음이 많이 다르고 심지어는 단어를 다르게 쓰기도 하여서 우리와 같은 외국인들은 두 발음 다 학습해야 할 필요성이 있습니다.

기후는 열대몬순 기후로 고온다습하고, 언어는 베트남어, 종교는 불교가 70%, 카톨릭교가 10%, 나머지는 까오다이교 등 베트남 민속종교를 주로 믿습니다. 화폐는 '동'이라는 베트남 돈을 쓰고, 환율은 10,000 베트남 동이 우리나라 돈으로 약 550원 정도 됩니다.

베트남 사람들은 근면 성실하고 교육열이 높고 외국인, 특히 한국 사람들에게 매우 우호적입니다. 베트남과 우리나라는 1992년 수교를 맺은 이래로 정치·문화·경제·교육·스포츠 등 각 분야에서 꾸준한 교류가 계속되고 있고 양국의 정상도 각국을 방문하여 협력관계 증진에 노력하고 있지요. 베트남에 무비자로 입국할수 있는 나라는 단 두 나라 뿐인데요, 그중에 하나가 바로 우리나라입니다. 우리나라와 가까운 관계라는 것을 한번 더 잘 알 수 있죠.

Unit
04

Gia đình của tôi có 5 người.
나의 가족은 5명입니다.

기본회화

Hương : **Tôi sắp về Việt Nam.**
또이 쌉 베 비엣 남

Tôi muốn về thăm gia đình của tôi.
또이 무온 베 탐 지아 딩 꾸어 또이

Jin-ho : **Gia đình của cô đang sống ở đâu?**
지아 딩 꾸어 꼬 당 쏭 어 더우

Hương : **Gia đình của tôi đang sống ở Đà Lạt.**
지아 딩 꾸어 또이 당 쏭 어 다 랏

Jin-ho : **Gia đình của cô có mấy người?**
지아 딩 꾸어 꼬 꼬 머이 응어이

Hương : **Gia đình của tôi có năm người.**
지아 딩 꾸어 또이 꼬 남 응어이

Jin-ho : **Có những ai?**
꼬 니응 아이

Hương : **Bố mẹ, một anh trai, tôi và một em gái.**
보 매 못 아잉 짜이 또이 바 못 앰 가이

Gia đình của tôi có năm người.

Có những ai?

해석

흐엉 : 나 곧 베트남으로 돌아가요.
　　　 가족을 너무 만나고 싶어요.
진호 : 당신의 가족은 지금 어디에서 살고 있나요?
흐엉 : 나의 가족은 다랏에서 살고 있어요.
진호 : 당신의 가족은 몇 명입니까?
흐엉 : 나의 가족은 5명입니다.
진호 : 누구누구 있습니까?
흐엉 : 아버지와 어머니, 오빠와 나 그리고 여동생이 있습니다.

기본회화 해설

1. Tôi sắp về Việt Nam. 나 곧 베트남으로 돌아가요.

sắp이라는 단어도 앞서 배운 đã, đang, sẽ와 마찬가지로 시제를 나타내는 단어, 즉 시제사이며 근접미래를 나타냅니다. '곧 ~할 것이다'라고 번역하고 동사 앞에 씁니다.

2. Tôi muốn về thăm gia đình của tôi. 가족을 너무 만나고 싶어요.

thăm이라는 단어는 '방문하다'라는 뜻으로 고향에 있는 가족들을 방문할 때 về thăm gia đình 또는 về thăm bố mẹ라고 합니다.

3. Gia đình của tôi đang sống ở Đà Lạt. 나의 가족은 다랏에서 살고 있어요.

Đà Lạt(다랏)은 베트남 중남부에 있는 아름다운 풍경의 휴양도시로 우리나라의 가을 날씨와 흡사한 서늘한 기후로도 유명합니다. 베트남 신혼부부들의 일등 신혼 여행지이기도 합니다.

4. Có những ai? 누구누구 있습니까?

những은 의문사, 명사 앞에 붙어 복수형을 만드는 기능을 하는 단어입니다. ai가 '누구'라는 의문사이니 '누구들 / 누구누구가 있습니까?'라고 번역됩니다.

새로 나온 단어

sắp 쌉	곧 ~하려 한다(시제사)	năm 남	5, 다섯
về 베	돌아가다, 돌아오다	những 니응	~들(복수)
muốn 무온	원하다	ai 아이	누구, 누가(의문사)
thăm 탐	방문하다	bố mẹ 보 매	부모님, 아버지와 어머니
gia đình 지아 딩	가족, 가정	một 못	1, 하나
có 꼬	있다, 소유하다	anh trai 아잉(안) 짜이	형, 오빠
mấy 머이	몇(10 이하의 숫자를 물을 때 사용하는 의문사)	em gái 앰 가이	여동생

Xin giới thiệu về gia đình của tôi.
씬 져이 티에우 베 지아 딩 꾸어 또이
나의 가족에 대해 소개할게요.

Gia đình của anh có mấy người?
지아 딩 꾸어 아잉 꼬 머이 응어이
당신의 가족은 몇 명입니까?

Gia đình của tôi có 6 người.
지아 딩 꾸어 또이 꼬 싸우 응어이
나이 가족은 6명입니다.

Có bố, mẹ, một chị gái, tôi, và hai em trai.
꼬 보 매 못 찌 가이 또이 바 하이 앰 짜이
아버지와 어머니, 누나 한 명, 나 그리고 남동생 두 명이 있습니다.

Tôi không sống chung bố mẹ.
또이 콩 쏭 쭝 보 매
나는 부모님과 함께 살지 않습니다.

Gia đình tôi sống ở Busan, tôi sống ở Seoul với em gái.
지아 딩 또이 쏭 어 부산 또이 쏭 어 써울 버이 앰 가이
나의 가족은 부산에서 살고 있고요, 나는 서울에서 여동생과 함께 삽니다.

Gia đình của tôi có 4 người, tôi, vợ tôi, một con trai và một con gái.
지아 딩 꾸어 또이 꼬 본 응어이 또이 버 또이 못 꼰 짜이 바 못
꼰 가이
나의 가족은 4명이 있는데 나와 아내, 아들 한 명과 딸 한 명입니다.

Tôi đang sống một mình.
또이 당 쏭 못 밍
나는 혼자 살고 있습니다.

Anh đã kết hôn chưa?
아잉 다 껫 혼 쯔어
당신은 결혼하셨나요?

Tip

anh trai는 가족 관계에서의 '형, 오빠'라는 뜻이고, '누나, 언니'는 chị gái라고 합니다. em은 손아래 남성이나 여성을 나타내는 말이므로 em trai라고 하면 '남동생', em gái라고 하면 '여동생'이 됩니다.

Tip

trai는 '남자', gái는 '여자'라는 뜻입니다. con은 '자식, 자녀'라는 뜻으로 con trai라고 하면 '아들'이 되고 con gái라고 하면 '딸'이 됩니다.

Tip

đã ~ chưa는 '~했습니까'라는 뜻입니다.

Rồi, tôi đã kết hôn rồi.
조이 또이 다 껫 혼 조이
네, 나는 결혼했습니다.

Chưa, tôi còn độc thân.
쯔어 또이 꼰 독 턴
아직 안 했습니다. / 나는 아직 독신입니다.

Chị đã lấy chồng chưa?
찌 다 러이 쫑 쯔어
당신은 결혼하셨나요?

Tôi đã lấy chồng Hàn Quốc.
또이 다 러이 쫑 한 꾸옥
나는 한국 남자와 결혼했어요.

Anh có bạn gái không?
아잉 꼬 반 가이 콩
당신은 여자친구가 있으신가요?

Chị có người yêu không?
찌 꼬 응어이 이에우 콩
당신은 애인이 있나요?

Tip

còn은 부사로 '여전히, 아직도'라는 뜻입니다.

Tip

lấy는 동사로 '가지다, 취하다'라는 뜻인데, 뒤에 '남편'이라는 단어를 붙여 lấy chồng이라고 하면 '남편을 취하다' 즉, '시집가다'라는 뜻으로 많이 쓰입니다.

Tip

bạn은 '친구'라는 뜻이고, gái는 '여자'라는 뜻이므로 bạn gái는 '여자친구(애인)'를 가리키고 bạn trai는 '남자친구'를 말합니다.

Tip

'애인'이라고 말할 때는 người yêu라고 하기도 합니다.

word power

주요표현 단어

về 베	~에 관하여, ~에 대하여	con trai 꼰 짜이	아들
bố 보	아버지	con gái 꼰 가이	딸
mẹ 매	어머니	một mình 못 밍	혼자, 홀로, 혼자서
một 못	1, 하나	đã ~ chưa 다 쯔어	~했습니까?(의문문)
và 바	그리고	rồi 조이(로이)	~했습니다(완료)
hai 하이	2, 둘	chưa 쯔어	아직 ~ 아니다, 안 했다
chị gái 찌 가이	누나, 언니		(부정)
em trai 앰 짜이	남동생	kết hôn 껫 혼	결혼
chung 쭝	함께, 같이	độc thân 독 턴	독신, 싱글
với 버이	~와 함께	lấy chồng 러이 쫑	시집가다
em gái 앰 가이	여동생	bạn gái 반 가이	여자친구
vợ 버	아내	người yêu 응어이 이에우	애인

có ~ không 의문문 2

지난 1과에서 'có ~ không 의문문'을 학습했었지요? 'có ~ không 의문문'에서 có와 không 사이에 동사, 형용사가 들어갈 때 '~합니까'라고 번역을 했습니다.

자, 이번 과에서는 có와 không 사이에 명사가 들어가는 경우를 보겠습니다. 원래 có라는 단어는 '있다, 가지고 있다'라는 소유의 의미를 나타냅니다. có와 không 사이에 명사가 들어갈 때는 그 의미가 다시 살아난다고 보시면 됩니다. 구조를 살펴보면 다음과 같습니다.

주어 + có + 명사/ 명사구 + không? = (주어)는 ~을[를] 가지고 있습니까?

'có ~ không 의문문' 가운데 명사가 들어갈 때는 번역을 '~가[이] 있습니까?'라고 합니다.

Anh **có** tiền Việt Nam **không**? 당신은 베트남 돈이 있나요?

▌tiền Việt Nam : 베트남 돈

Cô **có** thời gian **không**? 당신은 시간이 있나요?

▌thời gian : 시간

〈đã ~ chưa 의문문〉

'đã ~ chưa 의문문'은 과거나 완료의 일을 물어볼 때 사용하는 의문문 형식으로 매우 간단합니다. đã와 chưa는 개별의 뜻으로는 각각 '과거'와 '아직 ~하지 않았다'라는 뜻을 가지고 있지만 함께 쓰일 때는 có ~ không처럼 의문문을 구성하는 요소가 되며 '~했습니까?'라는 뜻으로 두 단어를 한번에 번역합니다.

주어 + đã + 동사/동사구 + chưa? = (주어)는 ~했습니까?

Anh **đã** ăn cơm **chưa**? 당신은 밥을 먹었나요?

▌ăn cơm : 밥을 먹다

Cô **đã** đi Việt Nam **chưa**? 당신은 베트남에 갔었나요?

1. 연습문제

1. 다음 ( ) 안에 알맞은 단어를 넣으세요.

1) Gia đình anh có mấy ( )? 당신의 가족은 몇 명인가요?
2) Gia đình tôi có bố, mẹ, ( ), và tôi.
  우리 가족은 아버지, 어머니, 형 그리고 나입니다.
3) A : Anh đã kết hôn chưa? 당신은 결혼하셨습니까?
  B : Chưa, tôi còn ( ). 아직이요. 나는 아직 싱글입니다.
4) Tôi đã ( ) chồng Hàn Quốc. 나는 한국 사람과 결혼했어요.
5) Anh có người ( ) không? 당신은 애인이 있나요?

note

• gia đình : 가족
• kết hôn : 결혼
• chồng : 남편
• người yêu : 애인

2. 다음을 해석하세요.

1) Tôi muốn thăm bố mẹ tôi ở Việt Nam.

2) Gia đình của tôi có 4 người, bố, mẹ, tôi và em gái tôi.

3) Tôi sống chung bố mẹ.

4) Anh có bạn gái không?

• thăm : 방문하다
• ở : ~에서
• em gái : 여동생
• sống : 살다
• chung : 함께
• bạn gái : 여자친구

3. 다음과 같은 말을 고르세요.

　Anh đã lấy vợ chưa?

① Tôi chưa kết hôn.　　② Anh có bạn gái không?
③ Anh đã kết hôn chưa?　④ Anh có muốn kết hôn không?

• lấy : 취하다, 시집가다, 장가가다
• vợ : 아내
• muốn : 원하다

정답

1. 1) người 2) anh trai 3) độc thân 4) lấy 5) yêu　　**2.** 1) 나는 베트남에 있는 부모님을 만나고 싶어. 2) 우리 가족은 4명이다. 아빠, 엄마, 나 그리고 여동생. 3) 나는 부모님과 함께 산다. 4) 당신은 여자친구가 있어요?　　**3.** ③

▶ 가족 · 친척

bố / ba / cha 아버지
보   바   짜

mẹ / má 어머니
매   마

anh trai 형, 오빠
아잉(안) 짜이

chị gái 누나, 언니
찌 가이

em trai 남동생
앰 짜이

em gái 여동생
앰 가이

ông nội 친할아버지
옹 노이

bà nội 친할머니
바 노이

bố mẹ / ba má 보 매 / 바 마   부모님

bà ngoại 바 응오아이   외할머니

chú 쭈   작은아버지

dì 지(이)   이모

cháu 짜우   손자, 손녀, 조카

chị họ 찌 호   친척 누나, 친척 언니

vợ 버   아내

mẹ chồng 매 쫑   시어머니

mẹ vợ 매 버   장모

mẹ kế / mẹ ghẻ 매 께 / 매 개   계모

họ hàng 호 항   친척

con gái 꼰 가이   딸

con rể 꼰 제(레)   사위

anh ruột / em trai ruột 아잉(안) 주엇(루엇) / 앰 짜이 주엇(루엇)   남자 형제

chị ruột / em gái ruột 찌 주엇(루엇) / 앰 가이 주엇(루엇)   여자 형제

ông ngoại 옹 응오아이   외할아버지

bác 박   큰아버지, 큰고모, 큰삼촌

cô 꼬   고모

cậu 꺼우   삼촌

anh họ 아잉(안) 호   친척 형, 친척 오빠

em họ 앰 호   친척 동생

chồng 쫑   남편

bố chồng 보 쫑   시아버지

bố vợ 보 버   장인

bố kế / bố ghẻ 보 께 / 보 개   계부

con trai 꼰 짜이   아들

con dâu 꼰 저우(여우)   며느리

베트남 엿보기

베트남의 결혼 문화

 베트남 사람들은 어떻게 결혼할까요? 이번에는 베트남의 결혼 문화에 대해 살펴보도록 하겠습니다. 베트남 사람들은 결혼이 결정되면 결혼식 한 달 전에 한국의 약혼식과 비슷한 'Đám hội(담 호이)'를 열어 두 사람의 결혼을 가족과 친척들에게 알립니다. 이후 남자 쪽 집안에서 나이든 친척들(남녀로 구성, 4~5명)이 술, 음식, 예물을 가지고 여자 집을 방문합니다. 이를 베트남 말로는 'Đại hai ho(다이 하이 호)'라고 합니다. 우리나라의 함이 들어가는 것과 비슷한데요, 우리나라처럼 흥겹지 않고 매우 엄숙하게 치루어집니다. 신부집에서는 이들을 매우 정중하게 대우하며 음식을 나누고 이들이 돌아갈 때 신부를 데리고 옵니다.

한국은 보통 결혼식 날짜를 주말인 토요일이나 일요일로 잡는데 베트남 사람들은 주말과 상관없이 길일을 잡습니다. 그리고 평일일 경우에는 대체로 저녁에 예식을 치룹니다. 계절상으로는 봄을 선호하며 일반적으로 결혼식은 신랑집에서 치루어지지만 요즘에는 호텔이나 음식점을 빌려서 결혼식을 하는 사람들이 많아지고 있습니다.

신랑집에는 '성혼'과 '부귀'라는 팻말을 달고, 야자수 나무로 대문을 장식하여 손님들을 맞습니다. 결혼 후 대부분 신랑집에서 첫날밤을 보내고 결혼한 후 3일이 지나 4일째가 되어야만 신부집으로 인사를 드리러 갈 수 있습니다. 그리고 우리나라 사람들은 결혼하고 나서 바로 신혼여행을 가는 데에 비해 베트남 사람들 대부분은 신혼여행을 가지 않습니다. 유명한 신혼여행지는 중부의 다랏이나 남서부의 푸국섬입니다. 베트남에서는 신랑 쪽에서 거의 모든 혼수를 부담하고 신부는 부모가 해주는 기념 반지만 들고 신랑집으로 갑니다. 우리나라와는 많이 다르지요? 베트남에서는 딸  을 위해서는 일체 재산상의 지불이 없는 것이 관행이라고 합니다.

Bây giờ là mấy giờ?
지금은 몇 시입니까?

기본회화

Lan : **Anh đang đi đâu?**
아잉 당 디 더우

Jin-ho : **Tôi đang đi học.**
또이 당 디 혹

Lan : **Bây giờ là mấy giờ?**
버이 져 라 머이 져

Jin-ho : **Bây giờ là 7 giờ rưỡi.**
버이 져 라 바이 져 즈어이

Lan : **Anh đi học rất sớm.**
아잉 디 혹 젓 썸

Jin-ho : **Lớp học của tôi bắt đầu lúc 8 giờ.**
럽 혹 꾸어 또이 밧 더우 룩 땀져

Lan : **Anh thường về nhà lúc mấy giờ?**
아잉 트엉 베 냐 룩 머이 져

Jin-ho : **Tôi thường về nhà lúc 4 giờ chiều.**
또이 트엉 베 냐 룩 본져 찌에우

Còn chị, chị thường đi làm lúc mấy giờ?
꼰 찌 찌 트엉 디 람 룩 머이 져

Lan : **Lúc 8 giờ sáng. Công ty của tôi rất xa.**
룩 땀져 상 꽁 띠 꾸어 또이 젓 사

Bây giờ là 7 giờ rưỡi.

란 : 지금 어디 가고 계세요?

란 : 지금 몇 시인가요?

란 : 공부하러 매우 일찍 가네요.

란 : 당신은 보통 몇 시에 집에 가세요?

란 : 아침 8시예요. 회사가 아주 멀거든요.

진호 : 지금 공부하러 갑니다.

진호 : 지금은 7시 반입니다.

진호 : 수업이 8시에 시작하거든요.

진호 : 나는 보통 오후 4시에 집에 가요.

　　　당신은요? 당신은 몇 시에 출근하세요?

1. Tôi đang đi học. 지금 공부하러 갑니다.

문장의 구조를 보면 '주어+시제+동사+동사(목적어)'입니다. 동사 뒤에 또 동사가 와서 혼동될 수 있지만 전혀 어색하지 않게 번역할 수 있답니다. đi라는 단어는 '가다'라는 동사이지요? đi는 뒤에 목적어로 장소를 나타내는 명사가 올 수 있고 동사도 올 수 있습니다.

  đi Việt Nam 베트남에 가다   đi học 공부하러 가다 – 동사가 올 때는 목적을 나타냅니다.

2. Bây giờ là 7 giờ rưỡi. 지금은 7시 반입니다.

'지금은 7시 30분이다.'라는 뜻입니다. rưỡi라는 단어는 '반, 절반'을 나타냅니다.

3. Lớp học của tôi bắt đầu lúc 8 giờ. 수업이 8시에 시작하거든요.

이 문장은 주어가 꽤 길죠? Lớp học của tôi까지가 주어입니다. 앞에서도 학습한 của의 쓰임은 영어의 of와 비슷합니다. 소유주가 뒤에 옵니다. 또한 lúc이라는 단어는 전치사로 시간 앞에 쓰이며 '~에'라고 번역합니다.

4. Công ty của tôi rất xa. 회사가 아주 멀어요.

서술어가 형용사인 형용사 문장입니다. 형용사가 서술어가 될 때 영어에서는 be동사가 필요하지만 베트남어에서는 영어의 be동사와 같은 là 동사가 필요하지 않습니다. 그래서 주어 뒤에 바로 형용사를 위치시켜 주면 됩니다.

  〈베트남어의 형용사 문장〉 주어 + 형용사
  Cô ấy đẹp. 그녀는 예쁘다. – là 가 필요하지 않음
  영어의 경우 she is beautiful. – is 가 필요

word 새로 나온 단어

đâu 더우	어디(의문사)	**thường** 트엉	주로, 보통(부사)
bây giờ 버이 져	지금	**về nhà** 베 냐	귀가하다
giờ 져	시(時)	**mấy** 머이	몇
rưỡi 즈어이(르어이)	반, 절반	**chiều** 찌에우	오후
sớm 썸	이른, 일찍	**sáng** 상	아침
lớp học 럽 혹	수업	**công ty** 꽁 띠	회사
bắt đầu 밧 더우	시작하다	**xa** 사	멀다
lúc 룩	~에(lúc+ 시간)		

주요표현

rồi라는 단어는 문장 끝에 위치
하여 완료를 나타냅니다.

Bây giờ là mấy giờ rồi?
버이 져 라 머이 져 조이
지금 몇 시가 되었습니까?

rưỡi는 '반, 절반'을 나타내는 단
어입니다.

Bây giờ là 8 giờ rưỡi [30 phút].
버이 져 라 땀 져 즈어이 [바 므어이 풋]
지금은 8시 반[30분]입니다.

kém은 '모자라다, 부족하다'의
뜻으로 시간을 나타낼 때, 몇 시
몇 분 전에 쓰입니다. 문장 끝
phút(분)은 생략해도 됩니다.

Bây giờ là 9 giờ 45 phút. / 10 giờ kém 15 (phút).
버이 져 라 찐 져 본 므어이 람 풋 / 므어이 져 깸 므어이 람 (풋)
지금은 9시 45분입니다. / 10시 15분 전입니다.

6 giờ kém 20.
싸우 져 깸 하이 므어이
6시 20분 전입니다.

Anh có đồng hồ không?
아잉 꼬 동 호 콩
당신은 시계가 있습니까?

Chị thường đi học lúc mấy giờ?
찌 트엉 디 혹 룩 머이 져
당신은 보통 몇 시에 공부하러 갑니까?

Tôi thường đi học lúc 6 giờ tối.
또이 트엉 디 혹 룩 싸우 져 또이
나는 주로 저녁 6시에 공부하러 갑니다.

từ A đến B는 전치사로 'A부터
B까지'라는 뜻입니다.

Anh học tiếng Việt từ mấy giờ đến mấy giờ?
아잉 혹 띠엥 비엣 뜨 머이 져 덴 머이 져
당신은 몇 시부터 몇 시까지 베트남어를 공부하십니까?

Tôi học tiếng Việt từ 8 giờ đến 9 giờ rưỡi tối.
또이 혹 띠엥 비엣 뜨 땀 져 덴 찐 져 즈어이 또이
나는 저녁 8시부터 9시 반까지 베트남어를 공부합니다.

Tôi thường đi ngủ lúc 12 giờ đêm.
또이 트엉 디 응우 룩 므어이 하이 져 뎀
나는 주로 밤 12시에 잠자리에 듭니다.

Tôi thường thức dậy lúc 7 giờ sáng.
또이 트엉　　특　　져이 룩 바이 져 상

나는 주로 아침 7시에 일어납니다.

Tôi phải về nhà trước 10 giờ tối.
또이 파이 베 냐 쯔억 므어이 져 또이

나는 저녁 10시 전에 집에 돌아가야 합니다.

Tôi phải đến đó trước 3 giờ chiều.
또이 파이 덴 도 쯔억　바 져 찌에우

나는 그곳에 오후 3시 이전에는 도착해야 해요.

Công việc của anh kết thúc lúc mấy giờ?
꽁　　비엑 꾸어 아잉 껫 툭　　룩 머이 져

당신의 업무는 몇 시에 끝나나요?

Cuộc họp của cô bắt đầu lúc mấy giờ?
꾸옥　홉　꾸어 꼬 밧 더우 룩 머이 져

당신의 모임은 몇 시에 시작하나요?

Tip

전치사 trước이 시간 앞에 쓰이면 '~전에(시간)'라고 번역합니다. phải가 동사 앞에 쓰이면 조동사로서 '~해야만 한다'라는 뜻입니다.

Tip

công việc은 '업무, 일'이라는 뜻입니다.

주요표현 단어

rồi 조이(로이)	~했다(완료, 문장 끝에 위치)	**đêm** 뎀	밤
phút 풋	분	**thức dậy** 특 져이(여이)	기상하다, 일어나다
kém 깸	부족하다, 모자라다	**phải** 파이	~해야만 한다(phải+ 동사)
đồng hồ 동 호	시계	**trước** 쯔억	~전에(시간)
đi học 디 혹	공부하러 가다	**đó** 도	그곳
tối 또이	저녁	**chiều** 찌에우	오후
từ 뜨	~에서부터	**công việc** 꽁 비엑	업무, 일과, 일
đến 덴	~에까지	**kết thúc** 껫 툭	끝나다
đi ngủ 디 응우	잠자리에 들다	**cuộc họp** 꾸옥 홉	회의, 모임

베트남어의 동사문장 2

지난 2과에서는 동사문장 중 là 동사문장에 대해 알아보았는데요, 이번에는 là 동사를 제외한 모든 동사문장(구분을 위해 일반동사라고 칭합니다)에 대해 살펴보겠습니다. 베트남어의 문장 구조는 '주어+동사+목적어' 순입니다. 전치사구나 부사어들은 바로 이 뒤에 쓰입니다.

Tôi học tiếng Việt. 나는 베트남어를 공부한다.
주어   동사   목적어

아주 간단한 문장입니다. 그럼 전치사구를 추가해 보도록 하겠습니다.

우리가 이제까지 학습한 전치사는 두 가지인데 하나는 장소 앞에 쓰여 '~에서', '~에'라고 번역되는 ở와 다른 하나는 시간 앞에 쓰여 '~에'라고 번역되는 lúc입니다.

한 개 이상의 단어의 모음을 '구'라고 하는데 'ở+장소', 'lúc+시간'과 같이 전치사와 함께 쓰이는 단어 모음을 전치사구라고 하지요. 이러한 전치사구는 베트남어 문장에서는 '주어+동사+목적어+전치사구'의 어순으로 위치하게 됩니다.

Tôi học tiếng Việt ở trường đại học. 나는 대학교에서 베트남어를 공부한다.
주어 동사   목적어   전치사구(장소)

Tôi học tiếng Việt lúc 8 giờ tối. 나는 저녁 8시에 베트남어를 공부한다.
주어 동사   목적어   전치사구(시간)

부사구를 추가해 볼까요?

Tôi học tiếng Việt rất chăm chỉ. 나는 베트남어를 매우 열심히 공부한다.
주어 동사   목적어   부사구

일반동사 문장의 부정형은 간단히 말해 시제에 따라 không과 chưa를 선택하여 동사 앞에 위치하여 부정하면 되는데, 현재·미래 그리고 의지의 표현을 부정할 때는 không을 사용하고 과거와 완료를 부정할 때는 chưa를 사용합니다.

Tôi **không** học tiếng Việt. 나는 베트남어를 공부하지 않는다.

Tôi **chưa** học tiếng Việt.   나는 베트남어를 아직 공부하지 않았다.

의문문도 역시 간단합니다. 부정형과 같이 현재·미래 그리고 의지의 표현을 물을때는 'có ~ không 의문문'을 사용하고, 과거나 완료의 일을 물을 때는 'đã ~ chưa 의문문'을 사용합니다.

Anh **có** học tiếng Việt **không**? 당신은 베트남어를 공부하시나요?

Anh **đã** học tiếng Việt **chưa**? 당신은 베트남어를 공부하셨나요?

연습문제

1. 다음 (   ) 안에 알맞은 단어를 넣으세요.

1) Bây giờ là mấy giờ (   )?   지금 몇 시나 되었습니까?

2) Cô thường đi làm (   ) mấy giờ?
   당신은 주로 몇 시에 출근하십니까?

3) Lớp học của anh (   ) lúc mấy giờ?
   당신의 수업은 몇 시에 시작합니까?

4) Tôi phải đến đó (   ) 4 giờ.
   나는 그곳에 4시 이전까지 도착해야만 해요.!

- bây giờ : 지금
- mấy : 몇
- thường : 주로, 보통
- lớp học : 수업, 교실
- đến đó : 그곳에 오다

2. 다음을 해석하세요.

1) Bây giờ là 8 giờ kém 20.

2) Tôi thường thức dậy lúc 7 giờ sáng.

3) Anh Minh học tiếng Hàn từ 6 giờ rưỡi đến 8 giờ tối.

4) Công việc của tôi kết thúc lúc 9 giờ tối.

- kém : 모자라다
- thức dậy : 일어나다
- từ A đến B : A에서부터 B까지
- rưỡi : 반, 30분
- công việc : 일, 업무
- kết thúc : 끝나다

3. 다음과 같은 말을 고르세요.

> Tôi thường đi làm lúc 8 giờ rưỡi.

① Tôi thường ăn cơm lúc 8 giờ 30 phút.
② Tôi thường đi học lúc 8 giờ rưỡi.
③ Tôi thường đi chơi lúc 8 giờ rưỡi.
④ Tôi thường đi làm lúc 8 giờ 30 phút.

- ăn cơm : 밥 먹다
- đi chơi : 놀러가다
- rưỡi : 반, 절반

정답

1. 1) rồi   2) lúc   3) bắt đầu   4) trước   2. 1) 지금은 8시 20분 전입니다.   2) 나는 주로 아침 7시에 일어납니다   3) 밍씨는 베트남어를 저녁 6시 반부터 8시까지 공부합니다.   4) 나의 일은 저녁 9시에 끝납니다.
3. ④

주제별 단어

▶ 숫자와 하루 중 때를 나타내는 단어

buổi sáng
부오이 상
새벽, 아침, 오전(0시~11시)

buổi chiều
부오이 찌에우
오후(오후 1시~오후 5시)

buổi tối
부오이 또이
저녁(오후 5시~오후 10시)

buổi đêm
부오이 뎀
밤(오후 10시~12시)

buổi trưa 부오이 쯔어 점심(11시~오후 1시)

〈숫자〉

1	**một** 못
2	**hai** 하이
3	**ba** 바
4	**bốn** 본
5	**năm** 남
6	**sáu** 싸우
7	**bảy** 바이

– bẩy(버이)라고 하기도 함

8	**tám** 땀
9	**chín** 찐
10	**mười** 므어이
11	**mười một** 므어이 못
12	**mười hai** 므어이 하이
13	**mười ba** 므어이 바
14	**mười bốn** 므어이 본
15	**mười lăm** 므어이 람

–năm(남)이 아니라 발음하기 쉬운 lăm(람)으로 바뀜

16	**mười sáu** 므어이 싸우
17	**mười bảy** 므어이 바이
18	**mười tám** 므어이 땀

19	**mười chín** 므어이 찐
20	**hai mươi** 하이 므어이

– mười의 성조가 dấu huyền(3성)에서 mươi, không dấu(1성)로 바뀜

21	**hai mươi mốt** 하이 므어이 못

– một의 성조가 dấu nặng(6성)에서 mốt, dấu sắc(2성)으로 바뀜

25	**hai mươi nhăm** 하이 므어이 냠

– 25이상부터는 lăm을 nhăm으로 읽기도 함

30	**ba mươi** 바 므어이
31	**ba mươi mốt** 바 므어이 못
35	**ba mươi nhăm** 바 므어이 냠
40	**bốn mươi** 본 므어이
41	**bốn mươi mốt** 본 므어이 못
50	**năm mươi** 남 므어이
51	**năm mươi mốt** 남 므어이 못
60	**sáu mươi** 싸우 므어이
70	**bảy mươi** 바이 므어이
80	**tám mươi** 땀 므어이
90	**chín mươi** 찐 므어이
100	**một trăm** 못 짬

베트남 사람들이 좋아하는 숫자, 싫어하는 숫자

　　우리나라 사람들은 7을 행운의 숫자라서 좋아하고 4라는 숫자를 매우 싫어하지요? 바로 한자의 '死(죽을 사)'와 발음이 비슷하기 때문입니다. 우리나라의 이러한 금기문화처럼 베트남 사람들도 싫어하는 숫자, 좋아하는 숫자가 있답니다.

　　베트남 사람들에게는 홀수가 안 좋은 숫자이고 짝수가 좋은 숫자입니다. 그래서 사진을 찍을 때 꼭 짝수로 맞추어 찍죠. 가령 사진을 찍는 데 3명이라면 두 명씩 사진을 찍습니다. 꼭 3명이 찍어야 하는 경우라면 어떠한 굵은 나무들을 가운데 꼭 포함하고 사진을 찍곤 합니다. 하지만 홀수 중에서도 환영받는 숫자가 있는데 바로 숫자 '9'입니다. 바로 베트남의 행운의 번호를 숫자 '9'라고 생각하면 되는데, 자동차 번호판을 예로 들면 '0333', '1341' 이렇게 합이 '9'가 되는 번호판은 매우 환영받고 있지요. 또한 사랑하는 여성에게 꽃을 선물할 때도 9송이를 선물하는 경우가 많다고 합니다.

　　왜 베트남 사람들이 숫자 '9'를 선호할까요? 그 이유는 매우 단순한데요, '9'는 만점에 가까운 숫자이기 때문이라고 합니다. '10'은 이미 올라갈 곳이 없고 다시 '1'이 되어 버리니 '9'의 상태가 가장 좋다고 생각한답니다.

　　베트남에서 안 좋은 숫자는 바로 '3'과 '7'인데요, 이 미신이나 금기는 매우 강하게 여겨지고 있어서 매달 3일이나 7일은 여행이나 결혼, 이사 등에 좋은 날이 아니어서 피해서 행사들을 치르곤 한답니다. 시장에서 파는 차 세트의 경우에도 영향을 많이 받는데요, 홀수가 좋지 않아 주로 6개 세트를 선호한다고 합니다.

　　하지만 요즘 베트남 젊은 층에서는 이러한 숫자에 대한 금기나 미신이 많이 사라지고 있는 추세입니다! 베트남의 특이한 숫자문화를 이해한다면 그들을 이해하는 데 한층 더 도움이 되겠지요?

Unit 06

Hôm nay là ngày mấy?
오늘은 며칠입니까?

기본회화

You-ra : Cô ơi! Anh Minh sắp về Việt Nam.
꼬 어이 아잉 밍 쌉 베 비엣 남

Phương : Ừ, tôi biết. Hôm nay là ngày mấy?
으 또이 비엣 홈 나이 라 응아이 머이

You-ra : Hôm nay là ngày mồng 4 tháng 2.
홈 나이 라 응아이 몽 본 탕 하이

Phương : Anh Minh sẽ về Việt Nam vào ngày mồng 6 tháng 2.
아잉 밍 쌔 베 비엣 남 바오 응아이 몽 싸우 탕 하이

Có đúng không?
꼬 둥 콩

You-ra : Dạ, đúng. Còn cô? Cô sẽ ăn tết ở đâu?
자 둥 꼰 꼬 꼬 쌔 안 뗏 어 더우

Phương : Tôi sẽ ăn tết ở Việt Nam.
또이 쌔 안 뗏 어 비엣 남

Tôi sẽ về Việt Nam vào ngày mồng 8 tháng 2.
또이 쌔 베 비엣 남 바오 응아이 몽 땀 탕 하이

You-ra : Cô sẽ trở lại Hàn Quốc vào ngày mấy?
꼬 쌔 쩌 라이 한 꾸옥 바오 응아이 머이

Phương : Ngày 15 tháng 3.
응아이 므어이람 탕 바

기본회화 해설

1. Hôm nay là ngày mấy? 오늘이 며칠이지?

'오늘은 며칠이지?'라는 표현입니다. 날짜를 묻는 표현에는 두 가지가 있습니다. mấy와 bao nhiêu 를 사용하여 나타내는데, 앞서 학습했듯이 mấy는 10 이하의 숫자를 물어볼 때 쓰이고, bao nhiêu 는 10 이상의 숫자를 물어볼 때 쓰입니다. 따라서 날짜가 1일에서 31일까지 있기 때문에 두 가지가 다 쓰이는 것입니다.

    A : Hôm nay là ngày mấy? 오늘은 며칠이죠?
    B : Hôm nay là ngày mồng 5 tháng 8. 오늘은 8월 5일입니다.

여기서 mồng은 '초순'이라는 뜻으로, 곧 1일부터 10일 앞에 붙이는 전치사입니다. 굳이 해석은 안 해도 됩니다.

    A : Hôm nay là ngày bao nhiêu? 오늘은 며칠이죠?
    B : Hôm nay là ngày 23 tháng 10. 오늘은 10월 23일입니다.

2. Anh Minh sẽ về Việt Nam vào ngày mồng 6 tháng 2.
밍 오빠는 2월 6일 날 베트남에 갈 거야.

지난 과에서 배운 lúc과 같이 vào도 역시 전치사입니다. lúc이 시간 앞에 붙는다면 vào는 요일, 날짜, 계절 앞에 붙습니다. 번역은 '~에'라고 하면 됩니다.

3. Cô sẽ trở lại Hàn Quốc vào ngày mấy? 한국에는 며칠날 돌아오세요?

trở lại라는 단어는 '돌아오다'라는 뜻인데, 근거지가 아닌 곳으로 돌아갈 때 씁니다. 예를 들어 민수 라는 친구가 고향 한국에서 베트남 하노이로 갔다가 호치민으로 갈 때 하노이에서 친구 프엉이 민 수에게 '언제 하노이로 돌아올 거야?'라고 표현할 때는 trở lại를 쓰고, 민수의 근거지인 고향 한국 으로 돌아갈 때는 trở lại가 아닌 về나 혹은 trở về를 씁니다.

새로 나온 단어

ừ 으	응, 어(대답)	vào 바오	~에(요일, 날짜, 시즌 앞에 붙이는 전치사)
biết 비엣	알다		
hôm nay 홈 나이	오늘	đúng 둥	옳은, 맞은
ngày 응아이	일	ăn tết 안 뗏	설을 쇠다[지내다]
mồng 몽	날짜 1~10일 앞에 붙이는 전치사	trở lại 쩌 라이	돌아오다, 돌아가다

Ngày mai là ngày mấy?
응아이 마이 라 응아이 머이
내일은 며칠입니까?

Hôm kia là ngày bao nhiêu?
홈 끼어 라 응아이 바오 니에우
그제가 며칠이었죠?

Tip

sinh nhật은 '생일'이라는 뜻입니다. sinh은 한자로 '생(生)', nhật은 한자로 '일(日)'이라고 정리하면 쉽게 알 수 있겠지요?

Sinh nhật của cô là ngày mấy, tháng mấy?
씽 녓 꾸어 꼬 라 응아이 머이 탕 머이
당신의 생일은 몇 월 며칠입니까?

Sinh nhật của tôi là ngày 7 tháng 6.
씽 녓 꾸어 또이 라 응아이 바이 탕 싸우
나의 생일은 6월 7일입니다.

Tip

theo âm lịch이라는 말은 '음력으로', '음력을 따라서'라는 뜻입니다. 베트남에서는 주로 양력을 따르지만 우리나라에서는 음력을 따르는 사람들도 많기 때문에 꼭 알아두세요!

Sinh nhật của tôi là ngày 22 tháng 3 theo âm lịch.
씽 녓 꾸어 또이 라 응아이 하이하이 탕 바 태오 엄 릭
나의 생일은 음력으로 3월 22일입니다.

Ngày tết năm nay là ngày mấy?
응아이 뗏 남 나이 라 응아이 머이
올해 설날은 며칠입니까?

Tháng này là tháng mấy?
탕 나이 라 탕 머이
이번 달은 몇 월 달이죠?

Tip

월을 물어볼 때는 1월에서 12월까지밖에 없으므로 mấy를 써서 물어보고, 년도를 물어볼 때는 현재 2012년이기 때문에 bao nhiêu를 사용합니다.

Năm nay là năm bao nhiêu?
남 나이 라 남 바오 니에우
올해가 몇 년도지요?

Anh sinh năm bao nhiêu?
아잉 씽 남 바오 니에우
당신은 몇 년 생이세요?

Tôi sinh năm 1979.
또이 씽 남 못응인(응안)찐짬바이므어이찐
나는 1979년 생입니다.

Hôm nay là thứ hai ngày 20 tháng 10 năm 2012.
홈　나이 라 트　하이 응아이 하이므어이 탕 므어이 남 하이응인(응안)콩짬므어이하이
오늘은 2012년 10월 20일 월요일입니다.

Hôm nay là thứ mấy?
홈　나이 라 트　머이
오늘은 무슨 요일이지요?

Hôm nay là thứ ba.
홈　나이 라 트　바
오늘은 화요일입니다.

word power

주요표현 단어

ngày mai 응아이 마이	내일	**tháng này** 탕 나이	이번 달
hôm kia 홈 끼어	그제, 이틀 전	**sinh năm** 씽 남	생년, 태어난 해
sinh nhật 씽 녓	생일	**thứ** 트	~번째
theo 태오	~에 따르면, ~에 따라서	**thứ hai** 트 하이	두 번째, 월요일
âm lịch 엄 릭	음력	**thứ mấy** 트 머이	몇 번째, 무슨 요일
ngày tết 응아이 뗏	설날	**thứ ba** 트 바	세 번째, 화요일
năm nay 남 나이	올해		

베트남어의 기수와 서수, 그리고 요일 표현

여러 분, 기수와 서수에 대해 들어보셨지요? 기수는 우리가 아는 일반적인 숫자 1, 2, 3, 4, 5… 를 가리키고 서수는 순서를 나타내는 말 첫 번째, 두 번째, 세번째…를 가리킵니다.

베트남어의 서수는 'thứ+기수'로 만듭니다. thứ는 '~번째'라는 뜻이지요.

베트남어의 기수			베트남어의 서수		
một	못	일	thứ nhất	트 녓	첫번째
hai	하이	이	thứ hai	트 하이	두 번째
ba	바	삼	thứ ba	트 바	세 번째
bốn	본	사	thứ tư	트 뜨	네 번째
năm	남	오	thứ năm	트 남	다섯 번째
sáu	싸우	육	thứ sáu	트 싸우	여섯 번째
bảy	바이	칠	thứ bảy	트 바이	일곱 번째
……	……		……		……

서수에서 첫 번째와 네 번째가 조금 특이하죠? nhất이라는 단어는 một과 같은 뜻이고, tư라는 단어는 bốn과 같은 뜻입니다.

그리고 베트남어에서 요일을 나타낼 때 우리는 '월 화 수 목 금…'을 쓰는데 베트남어는 달력을 따라서 일요일을 기준으로 월요일이 두 번째 날, 화요일이 세 번째 날, 수요일이 네 번째 날… 이렇게 하여 서수를 가지고 요일을 표현한답니다.

일요일	chủ nhật	쭈 녓	
월요일	thứ hai	트 하이	두 번째 날
화요일	thứ ba	트 바	세 번째 날
수요일	thứ tư	트 뜨	네 번째 날
목요일	thứ năm	트 남	다섯 번째 날
금요일	thứ sáu	트 싸우	여섯 번째 날
토요일	thứ bảy	트 바이	일곱 번째 날

연습문제

1. 다음 ( ) 안에 알맞은 단어를 넣으세요.

1) Hôm nay là (　　　) mấy?　　오늘은 며칠입니까?
2) Sinh nhật của tôi là ngày 23 (　　　) 10.
   나의 생일은 10월 23일입니다.
3) Anh sẽ (　　　) ở đâu?　　당신은 어디에서 설을 지내실 것입니까?
4) Tôi sẽ gặp anh Minh (　　　) thứ sáu tuần này.
   나는 밍씨를 이번 주 금요일에 만날 예정입니다.

2. 다음을 해석하세요.

1) Sinh nhật của anh Lê là ngày 9 tháng 4 theo âm lịch.

2) Tôi sinh năm 1984.

3) Anh Minh sẽ đến thăm bố mẹ của tôi vào ngày tết năm nay.

4) Tôi không làm ở công ty vào thứ bảy và chủ nhật.

3. 다음 중 옳게 해석된 것을 고르세요.

① Hôm qua là ngày 12 tháng 8. – 오늘은 8월 12일입니다.
② Tôi đi học vào thứ ba và thứ sáu. – 나는 수요일과 금요일에 공부하러 갑니다.
③ Anh Cương sẽ đi Hàn Quốc vào ngày mồng 3. – 끄엉씨는 3일 날 한국에 갈 겁니다.
④ Sinh nhật của tôi là ngày mai. – 내일모레가 나의 생일입니다.

정답

1. 1) ngày　2) tháng　3) ăn tết　4) vào　　**2.** 1) 레씨의 생일은 음력으로 4월 9일입니다.　2) 나는 1984년생입니다.　3) 밍씨는 올해 설날에 우리 부모님을 방문할 것이다.　4) 나는 토요일과 일요일은 회사에서 일하지 않습니다.　　**3.** ③

note

- mấy : 몇
- sinh nhật : 생일
- sẽ : ~할 것이다
- ở đâu : 어디에서
- gặp : 만나다
- thứ sáu tuần này : 이번주 금요일

- theo âm lịch : 음력으로
- sinh năm : 생년월일
- đến thăm : 방문하러 오다
- bố mẹ : 부모
- vào ngày tết : 설날에
- công ty : 회사
- thứ bảy : 토요일

- mồng : 초순

▶ 날짜

1월	**Tháng 1 / Tháng giêng** 탕 못 / 탕 지엥
2월	**Tháng 2** 탕 하이
3월	**Tháng 3** 탕 바
4월	**Tháng 4** 탕 뜨
5월	**Tháng 5** 탕 남
6월	**Tháng 6** 탕 싸우
7월	**Tháng 7** 탕 바이
8월	**Tháng 8** 탕 땀
9월	**Tháng 9** 탕 찐
10월	**Tháng 10** 탕 므어이
11월	**Tháng 11** 탕 므어이 못
12월	**Tháng 12 / Tháng chạp** 탕 므어이 하이 / 탕 짭

ngày 응아이 일(日)

tuần 뚜언 주(週)

tháng 탕 달(月)

năm 남 년, 해(年)

thập kỷ 텁 끼 십 년

thế kỷ 테 끼 세기, 백 년

hôm kia 홈 끼어 그제

hôm qua 홈 꾸아 어제

hôm nay 홈 나이 오늘

ngày mai 응아이 마이 내일

ngày kia / ngày mốt 모레
응아이 끼어 / 응아이 못

tuần trước nữa 뚜언 쯔억 느어 지 지난주

tuần trước 뚜언 쯔억 지난주

tuần này 뚜언 나이 이번 주

tuần sau 뚜언 싸우 다음 주

tuần sau nữa 뚜언 싸우 느어 다 다음 주

tháng trước 탕 쯔억 지난달

tháng này 탕 나이 이번 달

tháng sau 탕 싸우 다음 달

tháng sau nữa 탕 싸우 느어 다 다음 달

năm kia 남 끼어 재작년

năm trước / năm ngoái 작년
남 쯔억 / 남 응오아이

năm nay 남 나이 올해

năm sau / sáng năm 남 싸우 / 쌍 남 내년

năm sau nữa 남 싸우 느어 내후년

베트남의 공휴일 소개

〈주요 공휴일〉

1월 1일(양력) : 신년(Tết Dương Lịch)

1월 1일(음력) : 설날(Tết Nguyên Đán), 뗏(Tết)

공식 연휴는 3일이지만 일반적으로 일주일 동안 거의 모든 상점은 문을 닫고 쉽니다. 그래서 베트남 사람들은 주로 고향으로 가기 때문에 대도시들은 텅텅 비어 있지요.

뗏(Tết)은 '명절'이란 뜻이지만 보통 음력 설날을 말하며, 음력 2월초까지 전국에서 많은 축제가 열리며 가까운 친척들이 모여서 조상들을 기리는 베트남 최대의 명절입니다.

2월 3일 : 베트남 공산당 창당기념일(Ngày Thành lập CSVN)
1930년 2월 3일 창당된 베트남 공산당의 창당기념일입니다.

4월 8일(음력) : 석가탄신일(Phật Đán)
사원과 각 가정에 연등을 달고 밤에는 거리마다 연등행렬을 합니다.

4월 30일 : 해방기념일(Giải Phóng Miền Nam)

5월 1일 : 노동절, 국제노동자의 날(Ngày lao động quốc tế)

5월 19일 : 호치민 탄신일(Sinh nhật Bác Hồ)

9월 2일 : 독립선언일(Ngày Quốc Khánh)
1945년 호치민이 바딘광장에서 독립을 선언한 것을 기념하는 날입니다.

12월 25일 : 크리스마스(Giáng Sinh)

Cái này là cái gì?
이것은 무엇입니까?

기본회화

Jin-ho : **Cái này là cái gì?**
까이 나이 라 까이 지

Nga : **Cái này là cái bút.**
까이 나이 라 까이 붓

Jin-ho : **Còn cái kia là cái gì?**
꼰 까이 끼어 라 까이 지

Nga : **Cái kia là cái túi xách.**
까이 끼어 라 까이 뚜이 싸익

Anh có muốn mua cái túi xách này không?
아잉 꼬 무온 무어 까이 뚜이 싸익 나이 콩

Jin-ho : **Không, tôi chỉ xem thôi.**
콩 또이 찌 쌤 토이

Cái này tiếng Việt gọi là gì?
까이 나이 띠엥 비엣 고이 라 지

Nga : **Cái này tiếng Việt gọi là "cái nón lá".**
까이 나이 띠엥 비엣 고이 라 까이 논 라

Jin-ho : **Tôi muốn mua một cái áo dài và một cái nón lá.**
또이 무온 무어 못 까이 아오 자이 바 못 까이 논 라

Cái này là cái gì?

Cái này là cái bút.

해석

진호 : 이것은 무엇입니까?   응아 : 이것은 펜입니다.

진호 : 그러면 저것은 무엇입니까?   응아 : 저것은 가방입니다. 가방을 사고 싶어요?

진호 : 아니요. 단지 보는 거예요. 이것은 베트남어로 무엇이라고 하나요?

응아 : 이것은 베트남어로 "논라"라고 합니다.

진호 : 나는 아오자이 한 벌과 논라 한 개를 사고 싶어요.

기본회화 해설

1. Cái này là cái gì? / Cái kia là cái gì? 이것은 무엇입니까?

'이것은 무엇입니까?', '저것은 무엇입니까?'라는 뜻입니다. 종별사에 대해서는 문법이야기에서 좀 더 자세히 알아보도록 하고 여기서는 우선 cái의 쓰임에 대해 알아보겠습니다.

cái의 쓰임 (1)

cái는 주로 문장 속에서 3가지 쓰임이 있는데 명사, 종별사, 양사의 역할을 합니다. 명사일 때는 '것, 물건'이라는 뜻이고, 종별사일 때는 뜻이 없습니다. 단지 뒤에 따라오는 명사가 무생물 종류인 것을 나타내 주는 역할을 합니다. 양사로 쓰일 때는 무생물을 세는 말 '~개'로 번역합니다.

지시형용사	này 나이	이	kia 끼어	저	đó / ấy / đấy 도/어이/더이	그

앞서 배운 đây는 '이분, 이것, 이곳'으로 대명사이고, này는 '이'라는 뜻으로 명사를 수식하는 형용사 역할을 합니다. 그래서 위 문장의 Cái này là cái gì?의 cái는 형용사의 수식을 받음으로써 명사가 되어 '것'이라고 번역되고, cái này는 '이것', cái kia는 '저것', cái gì는 '어떤 것/무엇'이 됩니다.(의문사도 형용사 취급)

2. Cái này là cái bút. 이것은 펜입니다.

cái의 쓰임 (2)

그러면 cái가 언제 명사로 쓰이고 언제 종별사나 양사로 쓰이는지 알아보겠습니다.

베트남어에서 형용사가 명사를 수식할 때는 뒤에서 수식합니다. 그러므로 cái 뒤에 형용사가 오면 cái는 명사가 됩니다. 종별사는 간단히 말해 명사 앞에 쓰여서 뒤에 오는 명사가 어떤 종류의 명사 인지(무생물인지, 생물인지 등)를 구별해 주는 역할을 합니다. 그러므로 cái 뒤에 명사가 있으면 이 cái는 종별사입니다. 양사로 쓰일 때는 앞에 숫자가 올 때입니다. '숫자+cái+명사'로 쓰일 때 cái는 양사로 쓰이고 '~개'라고 번역합니다. 그러므로 위 문장 Cái này là cái bút.의 첫 번째 cái는 형용사 này의 수식을 받으므로 명사이고, 두번째 cái는 명사 bút 앞에 왔으므로 종별사입니다. 그러므로 '이 것은 펜입니다.'라고 번역합니다.

새로 나온 단어

cái 까이	것, 물건(명사), 종별사(뜻이 없음), ~개(양사)	muốn 무온	원하다, ~하고 싶다
		xem 쌤	보다
này 나이	이(지시형용사)	chỉ ~ thôi 찌 토이	단지 ~일뿐이다
bút 붓	펜	gọi 고이	부르다
kia 끼어	저(지시형용사)	nón lá 논라	논라(베트남 전통 모자)
túi xách 뚜이 싸익(싹)	가방	áo dài 아오 자이(야이)	아오자이(베트남 전통 의상)

Đây là cái gì?
더이 라 까이 지
이것은 무엇입니까?

Đây là quyển sách của tôi.
더이 라 꾸이엔 싸익 꾸어 또이
이것은 나의 책입니다.

Kia là cái gì?
끼어 라 까이 지
저것은 무엇입니까?

Kia là bức ảnh của gia đình tôi.
끼어 라 북 아잉 꾸어 지아 딩 또이
저것은 나의 가족사진입니다.

Đó là cái gì?
도 라 까이 지
그것은 무엇입니까?

Đó là đôi giầy của em gái tôi.
도 라 도이 지어이 꾸어 앰 가이 또이
그것은 내 여동생의 구두입니다.

Tôi muốn mua một quyển từ điển Việt-Hàn.
또이 무온 무어 못 꾸이엔 뜨 디엔 비엣 한
나는 베·한 사전 한 권을 사고 싶습니다.

Anh trai tôi đã mua một bộ áo.
아잉 짜이 또이 다 무어 못 보 아오
나의 형은 한 벌의 옷을 샀다.

Anh ấy có một chiếc xe hơi và hai chiếc xe máy.
아잉 어이 꼬 못 찌엑 쌔 허이 바 하이 찌엑 쌔 마이
그는 차 한 대와 오토바이 두 대가 있다.

Tôi cần mua một chai dầu gội đầu và một cục xà phòng.
또이 껀 무어 못 짜이 저우 고이 더우 바 못 꾹 사 퐁
나는 샴푸 한 통과 비누 한 개를 사야 합니다.

무생물 명사 앞에는 cái, 생물 명사(동물, 사람, 곤충 등) 앞에는 con을 사용합니다.

Con này là con gì?
꼰 나이 라 꼰 지
이 동물은 무슨 동물인가요?

Con này là con mèo.
꼰 나이 라 꼰 매오
이 동물은 고양이입니다.

Tôi thích con chó này.
또이 틱 꼰 쪼 나이
나는 이 강아지를 좋아해요.

Con này tiếng Việt gọi là gì?
꼰 나이 띠엥 비엣 고이 라 지
이 동물은 베트남어로 무엇이라고 합니까?

Tiếng Việt gọi là con thạch sùng.
띠엥 비엣 고이 라 꼰 타익 쑹
베트남어로 '타익 쑹'이라고 합니다.

 **주요표현 단어**

đây 더이	이것, 이분, 여기	**xe máy** 쌔 마이	오토바이
quyển / cuốn 꾸이엔 / 꾸온	종별사(책, 노트, 사전, 잡지 등의 앞에 사용)	**cần** 껀	~할 필요가 있다, 필요하다
		chai 짜이	종별사(병 종류 앞에 사용. 맥주, 음료수, 샴푸 등)
sách 싸익(싹)	책		
kia 끼어	저것, 저분, 저기	**dầu gội đầu** 저우 고이 더우	샴푸
bức 븍	종별사(사진, 그림 앞에 사용)		
ảnh 아잉(안)	사진	**cục** 꾹	종별사(덩어리 종류 앞에 사용)
đó 도	그것, 거기	**xà phòng / xà bông** 싸 퐁 / 싸 봉	비누
đôi 도이	종별사(벌, 세트 앞에 사용)		
giầy 지어이	구두	**con** 꼰	종별사(생물, 동물, 곤충 등 생물 명사 앞에 사용)
từ điển 뜨 디엔	사전		
bộ 보	종별사(한 벌의 옷, 벌로 된 종류 앞에 사용)	**con mèo** 꼰 매오	고양이
		con chó 꼰 쪼	개
chiếc 찌엑	종별사(차량 앞에 사용, 세트의 한쪽 앞에 사용)	**con thạch sùng** 꼰 타익(탁) 쑹	도마뱀
xe hơi 쌔 허이	자동차		

종별사

종별사에 대해 더욱 자세히 알아보겠습니다. 앞서 설명했듯이 종별사는 명사 앞에 위치하여 그 명사가 어떤 종류인지를 나타내 주는 기능을 합니다. 문장 속에서 그러한 기능을 할 뿐 번역은 하지 않습니다. 예를 들면 cái라는 종별사는 무생물 명사 앞에 위치합니다.

Cái này là cái bàn.

그래서 위와 같은 문장에서 bàn이라는 단어의 뜻을 모르더라도 일단 종별사 cái의 기능으로 그 단어가 무생물이라는 것을 알 수 있습니다. 바로 이러한 기능을 하는 것이 종별사입니다. 그럼 다양한 종류에 대한 종별사에 관해 더욱더 알아보도록 할까요?

1. 무생물 cái 무생물 명사 앞에는 cái를 씁니다. 책상, 의자, 펜, 문, 창문, 옷 등
cái bàn 책상, cái ghế 의자, cái bút 펜, cái cửa 문, cái cửa sổ 창문, cái áo 옷…

2. 생물 con 생물 명사 앞에는 con을 씁니다. 사람, 동물, 곤충 등
con chó 개, con mèo 고양이, con ngựa 말, con rắn 뱀, con muỗi 모기, con người 사람…

3. 책 종류 quyển / cuốn 책 종류 앞에는 quyển(=cuốn)을 씁니다. 책, 사전, 잡지, 노트 등
quyển sách tiếng việt 베트남어 책, quyển từ điển Anh-Việt 영·베사전, quyển tạp chí 잡지, quyển vở 노트…

4. 병 종류 chai 병 종류 앞에는 chai를 사용합니다. 콜라, 음료수, 주스, 맥주, 샴푸 등
chai cô la 콜라, chai bảy úp 사이다, chai nước cam 오렌지주스, chai bia 맥주, chai dầu gội đầu 샴푸, chai dầu xả 린스…

5. 세트(2개들이 세트) đôi 구두, 슬리퍼, 젓가락 등 세트 앞에서는 đôi를 씁니다.
đôi giầy 구두, đôi dép 슬리퍼, đôi đũa 젓가락…

6. 과일 종류 quả / trái 과일 앞에는 quả(북부) 또는 trái(남부)를 사용합니다.
quả chuối 바나나, quả sầu riêng 두리안, quả táo 사과, quả cam 오렌지…

그밖에 세트 중에서 한 짝을 나타내고 차량 앞에 쓰이는 chiếc, 사탕, 떡, 비누 등 덩어리 종류에 쓰이는 cục 등 많은 종별사들이 있습니다. 이 종별사들 앞에 숫자가 쓰이면 양사(갯수를 세는 말)로 번역된다는 것도 잊지 마세요!

연습문제

1. 다음 ( ) 안에 알맞은 단어를 넣으세요.

1) Cái này là (   )?
   이것은 무엇입니까?

2) Cái này là (   ) áo dài của tôi.
   이것은 나의 아오자이입니다.

3) Tôi cần mua một (   ) sách tiếng Anh.
   나는 영어 책을 한 권 사야 해요.

4) Cho tôi 2 (   ) nước cam.
   나에게 오렌지주스 2병 주세요.

2. 다음을 해석하세요.

1) Cái này tiếng Việt gọi là " cái bàn".

2) Tôi đi mua 2 cục xà phòng.

3) Con chó này đáng yêu quá.

4) Anh ấy có 2 chiếc xe máy.

3. 다음 예시와 같은 **cái**의 쓰임을 고르시오.

> Cái bút này của Nhật Bản.

① Tôi muốn mua cái này.
② Anh ấy đã mua cái khác.
③ Chị Linh thích cái áo dài của mình.
④ Cô Lee mua 3 cái nón lá.

note

• cái này : 이것
• áo dài : 아오자이
• của : ∼의
• cần : 필요하다
• tiếng Anh : 영어
• cho : 주다, ∼에게

• gọi : 부르다, 전화 걸다
• các bạn : 친구들
• cục : 덩어리 앞에 붙이
  는 종별사
• xà phòng : 비누
• con chó : 개
• đáng yêu : 귀엽다
• chiếc : 차량 앞에 붙이
  는 종별사
• xe máy : 오토바이

• khác : 다른
• thích : 좋아하다
• mình : 자기 자신

정답

1. 1) cái gì   2) cái   3) quyển   4) chai   **2.** 1) 이것은 베트남어로 까이 반 이라고 말합니다.   2) 나는 비누 두 개를 사러 간다.   3) 이 강아지는 너무 귀엽다.   4) 그는 두 대의 오토바이가 있다.   **3.** ③

▶ 과일 · 동물

táo 사과
따오

chuối 바나나
쭈오이

cam 오렌지
깜

dưa hấu 수박
즈어(으어) 허우

nho 포도
뇨

dứa / dứa thơm 파인애플
즈어(으어) / 즈어(으어) 텀

dâu tây 딸기
저우(여우) 떠이

chanh 레몬
짜잉(짠)

dừa 즈어(으어) 코코넛

sầu riêng 싸우 지엥(리엥) 두리안

đủ đủ 두두 파파야

anh đào 아잉 다오 복숭아

con chó 꼰 쪼 개

con chim 꼰 찜 새

con hổ 꼰 호 호랑이

con khỉ 꼰 키 원숭이

con cừu 꼰 끄우 양

con chuột 꼰 쭈옷 쥐

con gấu 꼰 거우 곰

con trâu 꼰 쩌우 물소

con hươu cao cổ 꼰 흐어우 까오 꼬 기린

con cá sấu 꼰 까 써우 악어

con cá 꼰 까 물고기

xoài 쏘아이 망고

chôm chôm 쫌 쫌 램부탄

mang cụt 망 꿋 망고스틴

dưa lê 즈어(으어) 레 참외

con mèo 꼰 매오 고양이

con gà 꼰 가 닭

con rồng 꼰 종(롱) 용

con ngựa 꼰 응으어 말

con thạch sùng 꼰 타익 쑹 도마뱀

con heo 꼰 해오 돼지

con bò 꼰 보 황소

con hươu 꼰 흐어우 사슴

con ruột 꼰 주옷(루옷) 거북이

con voi 꼰 보이 코끼리

con cá voi 꼰 까 보이 고래

베트남 엿보기

베트남의 하롱베이

아마존, 이과수 폭포, 제주도, 코모도, 프린세스 언더그라운드 리버, 테이블 마운틴과 함께 세계인이 선택한 가장 아름다운 7대 경관에 선정된 하롱베이는 베트남 하면 떠오르는 이미지로, 베트남을 대표하는 가장 유명한 관광지 중 하나입니다. 하롱베이 국립공원은 영화 '인도차이나'와 로빈 윌리엄스의 '굿모닝 베트남'의 배경이 되었던 곳으로 우리에게도 낯설지 않은 곳입니다.

하노이의 동쪽 꾸앙닝 성에 위치한 하롱베이 국립공원은 그 미려한 장관으로 유명하고 베트남에서 가장 아름다운 국립공원으로 전체 국토 중 1,553 평방 킬로미터를 차지합니다. 이 만을 차지하고 있는 3,000개 이상의 섬들이 보여 주는 장관은 정말 말로 표현할 수 없게 아름답습니다.

하롱(Halong, 下龍)이라는 말은 글자 그대로 '용(龍)이 바다로 내려왔다'는 것을 의미합니다. 전설에 따르면 베트남에 적이 쳐들어와 위기에 처해 있을 때 한 무리의 용들이 외세의 침략으로부터 사람들을 구했고 침략자들과 싸우기 위해 내뱉은 보석들이 섬이 되었다고 합니다. 그리고 그 용들이 바로 승천하지 않고 그곳에 남아 섬과 기암괴석이 되었다고 합니다.

하지만 이 국립공원의 역사는 그다지 오래되지 않았습니다. 베트남은 끊임없는 전쟁과 반란으로 그 나라의 문화나 관광지를 보존하고 발전시킬 만할 여력이 없었기 때문입니다. 하지만 전후 많은 사람들이 노력을 기울였고 이런 노력은 이 국립공원 안에 박물관을 짓는 것으로 이어졌으며, 마침내 1962년 하롱베이(Halong Bay)가 국립공원으로 지정되었습니다. 그리고 32년 후 1994년에 유네스코(UNESCO)에 의해 지정한 세계문화유산에 등극하게 됩니다.

Unit 08

Hôm nay trời nóng quá!
오늘은 날씨가 매우 덥네요!

 **기본회화**

Lan : Hôm nay trời nóng quá!
홈 나이 쩌이 농 꾸아

Jin-ho : Ừ, tôi cũng nóng quá! Khó chịu!
으 또이 꿍 농 꾸아 코 찌우

Lan : Mùa hè ở Hàn Quốc cũng nóng như vậy chứ?
무어 해 어 한 꾸옥 꿍 농 니으 버이 쯔

Jin-ho : Đúng, nhưng mùa hè ở Việt Nam nóng hơn.
둥 니응 무어 해 어 비엣 남 농 헌

Lan : Tôi nghe nói là ở Hàn Quốc có 4 mùa.
또이 응애 노이 라 어 한 꾸옥 꼬 본 무어

Jin-ho : Ừ, mùa xuân, mùa hè, mùa thu và mùa đông.
으 무어 쑤언 무어 해 무어 투 바 무어 동

Lan : Mùa đông ở Hàn Quốc thế nào?
무어 동 어 한 꾸옥 테 나오

Jin-ho : Mùa đông ở Hàn Quốc rất lạnh và tuyết rơi.
무어 동 어 한 꾸옥 젓 라잉 바 뚜이엣 저이

Lan : Ở Việt Nam, không có tuyết.
어 비엣 남 콩 꼬 뚜이엣

해석

란 : 오늘은 날씨가 매우 덥네요!
란 : 한국의 여름도 이렇게 더워요?
란 : 한국은 4계절이 있다던데요.
란 : 한국의 겨울은 어때요?
란 : 베트남에는 눈이 안 내리는데.

진호 : 네, 저도 너무 더워요! 못 참겠어요!
진호 : 맞아요, 그런데 베트남의 여름이 더 더워요.
진호 : 네, 봄, 여름, 가을 그리고 겨울이요.
진호 : 한국의 겨울은 춥고 눈이 내려요.

1. Hôm nay trời nóng quá! 오늘은 날씨가 매우 덥네요!

'오늘은 날씨가 정말 덥다'라는 표현입니다. trời라는 단어는 원래 '하늘'이라는 뜻이지만 '날씨, 일기'를 나타내기도 합니다. 'thời tiết(날씨)'라는 단어와 같은 뜻이지요.

> Trời nóng. = Thời tiết nóng.   날씨가 덥다.
> Trời lạnh. = Thời tiết lạnh.   날씨가 춥다.

2. Mùa hè ở Hàn Quốc cũng nóng như vậy chứ?
한국의 여름도 이렇게 더워요?

문장 끝에 chứ가 오면 어느 정도 확신하고 물어보는, 곧 상대방의 동조를 거의 확신하고 동의를 구하는 의문문입니다. '~하지?', '~맞지?', '~틀림없지?'라고 번역하면 됩니다.

> Hôm nay là thứ sáu chứ?   오늘이 금요일이 맞지?
> Anh ấy là người Việt Nam chứ?   그는 베트남 사람이 틀림없지?

3. Tôi nghe nói là ở Hàn Quốc có 4 mùa. 한국은 4계절이 있다던데요.

nghe nói는 '말하는 것을 듣다', '듣자하니'라고 번역하면 됩니다. 위 문장은 '내가 듣자하니 한국에는~.'이라고 번역하면 됩니다. 이러한 패턴을 좀더 자세히 살펴보겠습니다.

> 주어 + nghe nói + là / rằng + 문장(주어 + 동사 + 목적어)   (주어)가 듣자하니 ~한다더라

> Tôi nghe nói là anh ấy thích ăn phở.
> 내가 듣자하니 그는 쌀국수 먹는 것을 좋아한다던대.

word 새로 나온 단어

trời 쩌이	날씨	mùa hè 무어 해	여름
nóng 농	덥다, 더운	hơn 헌	~보다(비교급)
khó chịu 코 찌우	참기 힘들다	nghe nói 응애 노이	듣자하니
như vậy 니으 버이	이렇게, 저렇게, 그렇게	mùa xuân 무어 쑤언	봄
chứ 쯔	~했죠?, 맞죠?(문장 끝에 붙어 어느 정도의 확신을 나타내는 말)	mùa thu 무어 투	가을
		mùa đông 무어 동	겨울
		thế nào 테 나오	어때요?(의문사)
đúng 둥	옳은, 맞은	lạnh 라잉(란)	추운, 춥다
nhưng 니응	그러나, 하지만	tuyết 뚜이엣	눈

Thời tiết hôm nay thế nào?
터이 띠엣 홈 나이 테 나오
오늘 날씨는 어떻습니까?

Thời tiết hôm nay rất đẹp.
터이 띠엣 홈 나이 젓 댑
오늘 날씨는 너무 좋습니다.

Thời tiết hôm nay mát [ấm].
터이 띠엣 홈 나이 맛 엄
오늘 날씨는 시원합니다[따뜻합니다].

Thời tiết hôm nay nóng [lạnh].
터이 띠엣 홈 나이 농 라잉
오늘 날씨는 덥습니다[춥습니다].

Hôm nay trời nắng.
홈 나이 쩌이 낭
오늘 날씨는 맑습니다. (햇빛이 쨍쨍합니다.)

Hôm nay trời mưa.
홈 나이 쩌이 므어
오늘은 비가 옵니다.

Thời tiết Hàn Quốc hiện nay thế nào?
터이 띠엣 한 꾸옥 히엔 나이 테 나오
요즈음 한국 날씨는 어떻습니까?

Bây giờ là tháng 1, mùa đông, rất lạnh và tuyết rơi.
버이 져 라 탕 못 무어 동 젓 라잉 바 뚜이엣 저이
지금은 1월이고 겨울이고, 매우 춥고 눈이 내립니다.

Bây giờ thời tiết Việt Nam rất nóng chứ?
버이 져 터이 띠엣 비엣 남 젓 농 쯔
지금 베트남 날씨는 매우 덥죠?

Ở miền nam Việt Nam chỉ có 2 mùa, mùa mưa và mùa khô.
어 미엔 남 비엣 남 찌 꼬 하이 무어 무어 므어 바 무어 코
베트남 남부지역은 두 계절밖에 없는데 우기와 건기입니다.

Tip

'덥다, 춥다, 맑다' 등등의 날씨를 나타낼 때는 thời tiết과 trời 를 둘 다 써도 되지만 '비가 온다'고 할 때는 반드시 trời mưa 라고 해야 합니다. '비가 온다'를 아예 trời mưa로 외어 두세요!

Ở miền bắc Việt Nam có 4 mùa, mùa xuân, mùa hạ, mùa
어 미엔 박 비엣 남 꼬 본무어 무어 쑤언 무어 하 무어

thu và mùa đông.
투 바 무어 동

베트남 북부지역에는 4계절이 있는데 봄, 여름, 가을 그리고 겨울입니다.

Bây giờ thành phố Hồ Chí Minh là mùa mưa hay mùa khô?
버이 져 타잉 포 호 찌 밍 라무어 므어 하이 무어 코

지금 호치민 시는 우기입니까, 건기입니까?

Tháng này là tháng 4 nên bây giờ là mùa khô.
탕 나이 라 탕 본(뜨)넨 버이 져 라 무어 코

이번 달은 4월이라서 지금은 건기입니다.

Tôi nghe nói là sắp có bão.
또이 응애 노이 라 쌉 꼬 바오

내가 듣자하니 곧 태풍이 온다고 합니다.

주요표현 단어

thời tiết 터이 띠엣	날씨	**mùa hạ** 무어 하	여름(= mùa hè)
mát 맛	시원한, 시원하다	**chỉ ~** 찌	단지 ~일뿐이다
ấm 엄	따뜻한, 따뜻하다	**hay** 하이	또는, 혹은
nắng 낭	맑은, 햇빛이 쨍쨍 찌는	**mùa mưa** 무어 므어	우기
mưa 므어	비	**mùa khô** 무어 코	건기
hiện nay 히엔 나이	요즘, 오늘날	**nên** 넨	그래서, 그리하여
rơi 저이(러이)	떨어지다, 내리다	**sắp** 쌉	~곧(근접 미래)
miền nam 미엔 남	남부지역	**bão** 바오	태풍
miền bắc 미엔 박	북부지역		

베트남어의 비교급

이번에는 베트남어의 비교급에 대해서 살펴보도록 하겠습니다. 베트남어의 비교급은 3가지로 나눌 수 있는데 우등비교, 동등비교, 최상급입니다.

1. 동등비교

동등비교는 비슷한 대상을 비교하는 것으로, '이것은 저것만큼 ~하다'라는 뜻으로 번역합니다. 구조를 살펴보면 다음과 같습니다.

A + 형용사 + bằng + B = A는 B만큼 ~하다

여기서 bằng은 '~와 같다'라는 뜻입니다. 예문을 보겠습니다.

Anh ấy cao **bằng** tôi. 그는 나만큼 키가 크다.
Mùa hè ở Việt Nam nóng **bằng** mùa hè ở Hàn Quốc.
베트남의 여름은 한국의 여름만큼 덥다.

2. 우등비교

우등비교는 대상들의 높고 낮음 등등 곧 그 차이 정도를 비교하는 것으로 '이것은 저것보다 ~하다'라고 번역합니다. 구조를 살펴보면 다음과 같습니다.

A + 형용사 + hơn + B = A는 B보다 ~하다

여기서 hơn은 '~보다'라는 뜻입니다. 역시 예문을 볼까요?

Anh Túng đẹp trai **hơn** tôi. 뚱형은 나보다 잘생겼다.
Mùa đông ở Hàn Quốc lạnh **hơn** mùa đông ở Việt Nam.
한국의 겨울은 베트남의 겨울보다 춥다.

3. 최상급

최상급은 가장, 제일 뛰어난 것을 표현하는 것으로 '가장, 제일 ~하다'라고 번역합니다. 구조를 살펴보겠습니다.

A + 형용사 + nhất = A는 가장(제일) ~하다

Anh ấy đẹp trai **nhất**. 그가 가장 잘생겼다.
Cô ấy giỏi **nhất**. 그녀가 제일 잘한다.

연습문제

1. 다음 ( ) 안에 알맞은 단어를 넣으세요.

1) Thời tiết hôm nay rất (   ).
오늘 날씨는 너무 덥습니다.

2) Tôi (   ) là ngày mai trời mưa.
내가 듣자하니 내일 비가 온대요.

3) Ở Hàn Quốc, vào mùa đông (   ) rơi.
한국에서는 겨울에 눈이 내려요.

4) Tôi cũng nóng quá! (   )!
나도 정말 더워요! 못 참겠네!

note

• thời tiết : 날씨
• ngày mai : 내일
• trời mưa : 비가 오다
• vào mùa đông : 겨울에
• rơi : 떨어지다, 내리다
• cũng nóng : 역시 덥다

2. 다음을 해석하세요.

1) Mùa thu ở Hàn Quốc rất đẹp.

2) Tôi nghe nói rằng ngày mai trời nắng.

3) Thời tiết mùa xuân Hàn Quốc rất ấm và có nhiều hoa.

4) Tôi sẽ đi du lịch Việt Nam vào mùa đông này.

• mùa thu : 가을
• nghe nói rằng : 듣자하니
• nắng : 햇빛이 쨍쨍 찌는, 맑은
• mùa xuân : 봄
• ấm : 따뜻한
• đi du lịch : 여행가다
• này : 이

3. 사실이 <u>아닌</u> 것을 고르세요.

① Hàn Quốc có 4 mùa, mùa xuân, mùa hạ mùa thu và mùa đông.

② Thành phố Hồ Chí Minh chỉ có 2 mùa thôi.

③ Mùa đông Hàn Quốc lạnh hơn mùa đông Việt Nam.

④ Miền nam Việt Nam cũng có 4 mùa.

• mùa xuân : 봄
• mùa hạ : 여름
• mùa thu : 가을
• mùa đông : 겨울
• lạnh : 추운, 춥다

정답

1. 1) nóng   2) nghe nói   3) tuyết   4) Khó chịu   **2.** 1) 한국의 가을은 매우 아름답다.   2) 내가 듣기로는 내일 날씨가 갠다고 합니다.   3) 한국의 봄 날씨는 매우 따뜻하고 많은 꽃이 핍니다.   4) 나는 이번 겨울에 베트남에 여행갈 것입니다.   **3.** ④

주제별 단어

▶ 날씨 · 계절

mặt trời 해
맛 쩌이

mặt trăng 달
맛 짱

sao 별
싸오

mây 구름
머이

mưa 비
므어

sét 번개
쌧

gió 바람
지어

tuyết 눈
뚜이엣

thời tiết / trời 터이 띠엣 / 쩌이   날씨

nhiệt độ 니엣 도   기온, 온도

sương 쓰엉   이슬

mưa rào 므어 자오(라오)   소나기

lụt 룻   홍수

bão 바오   태풍

mưa đá 므어 다   우박

nắng 낭   맑음

có sương mù 꼬 쓰엉 무   안개 낀

lạnh 라잉(란)   추운

nóng 농   더운

mùa xuân 무어 쑤언   봄

mùa thu 무어 투   가을

mùa khô 무어 코   건기

dự báo thời tiết 즈(이으) 바오 터이 띠엣   일기예보

sương mù 쓰엉 무   안개

mưa phùn 므어 푼   이슬비

mưa to 므어 또   폭우

sấm 썸   천둥

đá 다   얼음

ẩm 엄   습기

thời tiết tốt / đẹp 터이 띠엣 똣 / 뎁   날씨 좋은

có mây 꼬 머이   흐린, 구름 낀

ấm 엄   따뜻한

mát 맛   시원한

mùa hạ / mùa hè 무어 하 / 무어 해   여름

mùa đông 무어 동   겨울

mùa mưa 무어 므어   우기

베트남의 기후

　베트남은 북에서 남으로 매우 긴 나라이므로 각 지역마다 그 기후가 다양합니다. 수도 하노이는 아열대 기후로 남부와 비교적 뚜렷하게 4계절이 나타납니다만 우리나라의 4계절과는 많은 차이가 있습니다. 봄이 아주 짧고 여름이 길고 가을 역시 매우 짧은 편입니다. 여름에는 평균 기온이 34도 정도이고 매우 습하여서 외국인들에게는 에어컨 없이 견디기 힘들지요. 아주 더울 때는 38도까지 올라갑니다. 베트남의 겨울 평균 기온은 10도 정도입니다. 그래서 베트남에서는 눈이 내리지 않습니다. 난방시설이 갖추어지지 않았기 때문에 겨울에 실내에서 조금 춥게 느껴질 수도 있습니다. 베트남 북부에서는 만약 기온이 7도 이하로 내려간다면 휴교령이 내려질 정도로 추운 날씨입니다.

　그에 비해 호치민을 중심으로 하는 남부지역은 열대몬순기후로 건기와 우기로 나누어집니다. 4계절이 없고 대신 두 계절 건기와 우기뿐이지요. 우기는 5월부터 10월까지는 거의 하루도 빠짐 없이 쨍쨍하던 하늘에 갑자기 열대성 강우 스콜이 내리고 다시 말끔해집니다. 그래서 언제 비가 내릴지 모르니 꼭 비옷을 챙겨야 합니다. 하지만 그나마 우기 때는 비가 내리고 나서 서늘하여 견디기 쉽지만 건기(11월에서 4월) 때는 이런 비마저 오지 않아 우리나라에서 가장 더운 여름날보다 더 덥습니다.

Unit 09

Sở thích của tôi là xem phim.
내 취미는 영화를 보는 것입니다.

기본회화

Woo-jin : **Cô ơi, cô đã làm gì vào tối qua? Tôi đã gọi điện thoại**
꼬어이 꼬 다 람 지 바오 또이 꾸아 또이 다 고이 디엔 토아이

cho cô, nhưng cô không nghe điện thoại.
쪼 꼬 늉 꼬 콩 응애 디엔 토아이

Thủy : **À, lúc đó, tôi đang xem phim. Sở thích của tôi là xem**
아 룩 도 또이 당 쌤 핌 써 틱 꾸어 또이 라 쌤

phim, đặc biệt, tôi thích phim hài.
핌 닥 비엣 또이 틱 핌 하이

Woo-jin : **Tôi cũng thích xem phim, nhưng tôi thích nghe nhạc**
또이 꿍 틱 쌤 핌 늉 또이 틱 응애 냑

hơn.
헌

Thủy : **Anh đã nghe nhạc Việt Nam bao giờ chưa?**
아잉 다 응애 냑 비엣 남 바오 져 쯔어

Woo-jin : **Tôi chưa nghe nhạc Việt Nam lần nào. Hãy giới thiệu**
또이 쯔어 응애 냑 비엣 남 런 나오 하이 져이 티에우

cho tôi những bài hát Việt Nam nổi tiếng.
쪼 또이 니응 바이 핫 비엣 남 노이 띠엥

해석

우진 : 어제저녁에 뭐했나요? 당신에게 전화했었는데 안 받더라구요.

투이 : 아, 난 그때 영화를 보고 있었어요. 나의 취미는 영화보기예요. 특히 나는 코미디 영화를 좋아해요.

우진 : 나도 영화 보는 것을 좋아해요. 하지만 나는 음악감상을 더 좋아해요.

투이 : 당신은 베트남 음악을 들어본 적이 있나요?

우진 : 나는 한번도 베트남 음악을 들어본 적이 없어요. 유명한 음악들을 소개해 주세요.

1. Cô ơi , cô đã làm gì vào tối qua? 어제저녁에 뭐했나요?

vào는 요일이나 계절, 시즌 앞에 붙이는 전치사로, 시간 앞에 쓰이는 lúc과 같이 '~에'라고 번역합니다. tối qua는 buổi tối hôm qua의 줄임말로 구어체, 회화체에서는 주로 이렇게 줄여 사용합니다.

2. Anh đã nghe nhạc Việt Nam bao giờ chưa?
당신은 베트남 음악을 들어본 적이 있나요?

앞서 학습한 'đã ~ chưa 의문문'이 과거나 완료의 일을 묻는 의문문이었는데, 이 đã ~ bao giờ chưa?는 그중에서도 경험을 묻는 구문입니다. bao giờ가 의문사 '언제'라는 뜻으로 '언제 ~했었느냐?', '언제 ~해보았느냐?'라고 번역되어 '~해본 적이 있습니까?'라는 경험을 묻는 구문입니다.

3. Tôi chưa nghe nhạc Việt Nam lần nào.
나는 한번도 베트남 음악을 들어본 적이 없어요.

chưa ~ lần nào는 '한번도 ~를 해본 적이 없다'라는 구문입니다. 역시 경험과 관련된 구문으로서 '아직 ~하지 않았다'의 강조 표현입니다. lần은 '번, 횟수'라는 뜻이며, nào는 '어떤'이란 뜻이므로 '어떤 번도 아직 안 했다', 즉 '한번도 ~하지 않았다'라고 번역하면 됩니다.

4. Hãy giới thiệu cho tôi những bài hát Việt Nam nổi tiếng.
유명한 음악들을 소개해 주세요.

hãy는 가벼운 명령이나 청유형을 나타내는 표현으로 '~합시다', '~하세요'라고 번역됩니다. '소개하다'라는 단어 giới thiệu 뒤에 cho tôi가 와서 '소개해 주다', '나에게 소개해 주다'라고 번역합니다.

새로 나온 단어

vào 바오	~에(요일, 날짜, 시즌, 계절 앞에 사용)	**xem phim** 쌤 핌	영화 보다
		đặc biệt 닥 비엣	특히, 특별히
tối qua 또이 꾸아	어제저녁 (= buổi tối hôm qua)	**phim hài** 핌 하이	코미디 영화
		nghe nhạc 응애 낙	음악감상
gọi 고이	부르다, 전화 걸다	**hãy** 하이	~하세요, ~해 주세요(가벼운 청유, 명령)
điện thoại 디엔 토아이	전화		
nghe điện thoại 응애 디엔 토아이	전화 받다	**những** 니응	~들(복수형 ; những+명사)
lúc đó 룩 도	그때	**bài hát** 바이 핫	노래
sở thích 써 틱	취미	**nổi tiếng** 노이 띠엥	유명한

주요표현

Tôi rất thích chơi bóng đá.
또이 젓 틱 쩌이 봉 다
나는 축구하는 것을 매우 좋아합니다.

Tôi không thích đọc sách.
또이 콩 틱 독 싸익
나는 독서하는 것을 좋아하지 않습니다.

Sở thích của bạn là gì?
써 틱 꾸어 반 라 지
당신의 취미는 무엇입니까?

Sở thích của tôi là nấu ăn.
써 틱 꾸어 또이 라 너우 안
나의 취미는 요리하는 것입니다.

Sở thích của tôi là chơi thể thao.
써 틱 꾸어 또이 라 쩌이 테 타오
저의 취미는 스포츠입니다.

Tip

thường은 빈도부사로 '보통, 주로'라는 뜻이고 동사 앞에 위치합니다.

Tôi thường đi xem phim[đi mua sắm / đi du lịch].
또이 트엉 디 쌤 핌 디 무어 쌈 디 주 릭
나는 주로 영화를 보러 갑니다[쇼핑을 하러 갑니다 / 여행을 갑니다].

Tip

trong은 전치사로 '~안에'라는 뜻의 영어 in과 비슷합니다.

Tôi thường đi vòng vòng trong thành phố.
또이 트엉 디 봉 봉 쫑 타잉 포
나는 주로 시내를 돌아다녀요.

Anh đã đến bảo tàng mỹ thuật Việt Nam bao giờ chưa?
아잉 다 덴 바오 땅 미 투엇 비엣 남 바오 져 쯔어
당신은 베트남 미술관에 가본 적이 있습니까?

Dạ rồi, tôi thích bức tranh Việt Nam.
자 조이 또이틱 북 짜잉 비엣 남
네, 가 봤습니다. 나는 베트남 그림을 좋아해요.

Tip

Dinh thống nhất은 통일궁으로 호치민에 있습니다.

Chị đã tham quan Dinh thống nhất bao giờ chưa?
찌 다 탐 꾸안 징 통 녓 바오 져 쯔어
당신은 통일궁을 관광해 봤나요?

Tip

'khi+~'는 '~할 때'라는 뜻입니다.

Khi rảnh, anh thường làm gì?
키   자잉   아잉   트엉   람   지

한가할 때 당신은 주로 무엇을 합니까?

Khi rảnh, tôi thường gặp bạn Việt Nam.
키   자잉   또이   트엉   갑   반   비엣   남

한가할 때 나는 주로 베트남 친구를 만납니다.

Hãy giới thiệu cho tôi những quán ăn ngon.
하이   져이   티에우   쪼   또이   니응   꾸안   안   응온

나에게 맛있는 음식점들을 소개해 주세요.

Hãy giới thiệu cho tôi những nơi nổi tiếng.
하이   져이   티에우   쪼   또이   니응   　　너이   노이   띠엥

유명한 곳들을 소개해 주세요.

Tip

bạn과 같은 인칭명사 앞에서는 복수형을 만들 때 những이 아닌 các을 사용합니다.

Hãy giới thiệu cho tôi các bạn người Việt.
하이   져이   티에우   쪼   또이   깍   반   　응어이   비엣

나에게 베트남 친구들을 소개해 주세요.

주요표현 단어

chơi 쩌이	놀다, (스포츠를) 하다, (악기를) 연주하다	**trong thành phố** 쫑 타잉(탄) 포	시내
		bảo tàng mỹ thuật	미술관
bóng đá 봉 다	축구	바오 땅 미 투엇	
đọc sách 독 싸익(싹)	독서하다	**tham quan** 탐 꾸안	관광하다
sở thích 써 틱	취미	**Dinh thống nhất** 징(잉) 통 녓	통일궁(관광지)
nấu ăn 너우 안	요리하다	**khi rảnh** 키 자잉(라잉)	한가할 때
thể thao 테 타오	스포츠	**quán ăn** 꾸안 안	음식점, 식당
mua sắm 무어 쌈	쇼핑하다	**ngon** 응온	맛있는
du lịch 주(유) 릭	여행하다	**nơi** 너이	장소
đi vòng vòng 디 봉 봉	돌아다니다		

가벼운 명령, 청유와 금지, 제한의 표현

1. 가벼운 명령, 청유 hãy / ~đi / hãy ~ đi!

　베트남어에서 가벼운 명령이나 청유를 나타낼 때 위의 3가지를 사용하는데 뜻은 다 비슷하다고 보면 됩니다. 다만 hãy는 문장 제일 앞에나 주어의 뒤에 위치하고 đi는 문장 끝에 위치합니다. đi 가 동사로 쓰일 때는 '가다'라는 뜻이 있지만 문장 끝에 올 때는 그 뜻이 없어지고 '~해!', '~해요!', '~합시다!'로 번역됩니다.

구조 : 주어＋hãy＋동사＋목적어＋(đi)!

　　Anh **hãy** đọc sách!　책을 읽으세요!
　　Chị **hãy** lại đây!　여기로 오세요!
　　Chúng ta **hãy** ăn cơm **đi**!　우리 밥 먹어요!
　　Em học **đi**!　너 공부해!

2. 금지, 제한의 표현

　hãy의 반대 격인 '~하지 마세요'라는 금지의 표현은 어떻게 하는지 알아볼까요?
　đừng을 역시 동사 앞에 위치시켜 주면 됩니다. 또한 문장 끝에 nhé를 붙여서 부드러운 어기를 나타낼 수 있습니다. '주어+đừng+동사+목적어+nhé'의 형식으로 써 주고 '~하지 마세요'라고 번역합니다.

　　Anh **đừng** ăn cái này **nhé**!　이거 먹지 마세요!
　　Đừng nói to!　크게 떠들지 마세요!
　　Đừng cho đường **nhé**!　설탕을 넣지 마세요!

▌to : 크다　　đường : 설탕

note

- xem phim : 영화 보다
- thường : 주로, 보통
- học : 공부하다
- thích : 좋아하다
- tiếng Việt : 베트남어

1. 다음 ( ) 안에 알맞은 단어를 넣으세요.

1) (   ) của anh là gì?   당신의 취미는 무엇입니까?

2) Tôi (   ) đi xem phim.   나는 주로 영화를 보러 갑니다.

3) A : Khi rảnh anh thường làm gì? 한가할 때 보통 무엇을 하시나요?

   B : Tôi thường (   ).   나는 보통 독서를 합니다.

4) Anh (   ) học tiếng Việt đi!   베트남어를 공부하세요!

5) Tôi rất thích đi (   )

   나는 놀러가는 것을 매우 좋아해요.

2. 다음을 해석하세요.

1) Sở thích của tôi là leo núi.

2) Tôi thích đi mua sắm.

3) Anh đã đến Hà Nội bao giờ chưa?

4) Chị hãy giới thiệu cho tôi những sách học tiếng Việt.

- sở thích : 취미
- leo núi : 등산하다
- mua sắm : 쇼핑하다
- đã ~ bao giờ chưa : ~ 한 적이 있습니까?
- giới thiệu : 소개하다
- những : ~들(명사 앞에 서 복수형을 만들어 주 는 단어)
- sách học : 교재

3. 단어의 뜻이 잘못 연결된 것을 고르세요.

① sở thích – 취미

② đi mua sắm – 시장가다

③ nấu ăn – 요리하다

④ chơi thể thao – 운동하다

정답

1. 1) sở thích   2) thường   3) đọc sách   4) hãy   5) chơi   **2.** 1) 나의 취미는 등산입니다.   2) 나는 쇼핑하러 가는 것을 좋아해요.   3) 하노이에 가 보신 적 있으세요?   4) 베트남어 교재들을 소개해 주세요.

3. ②

▶ 취미

xem phim 영화감상
쌤 핌

nghe nhạc 음악감상
응애 냑

đọc sách 독서
독 싸익(싹)

bơi 수영
버이

trượt tuyết 스키
쯔엇 뚜이엣

câu cá 낚시
꺼우 까

leo núi 등산
래오 누이

hõa tranh 그림그리기
호아 짜잉(짠)

nấu ăn 너우 안 요리	**lái xe** 라이 쌔 드라이브
mua sắm 무어 쌈 쇼핑	**xem kịch** 쌤 끽 연극보기
hát 핫 노래하기	**nhảy** 냐이 댄스
chụp ảnh 쭙 아잉(안) 사진찍기	**sưu tập** 쓰우 떱 수집
thể thao 테 타오 운동, 스포츠	**đi chơi** 디 쩌이 놀러가기
chơi game 쩌이 갬 게임하기	**đi du lịch** 디 주(유) 릭 여행가기
tìm kiếm vào internet 띰 끼엠 바오 인터넷 인터넷 서핑	

〈스포츠〉

bóng đá 봉 다 축구	**bóng rổ** 봉 조(로) 농구
bóng chuyền 봉 쭈이엔 배구	**bóng chày** 봉 짜이 야구
bóng bàn 봉 반 탁구	**golf** 골프 골프
bida 비자 당구	**tennis** 떼닛 테니스
cầu lông 꺼우 롱 배드민턴	**đá cầu** 다 꺼우 제기차기

베트남의 놀이동산 – 빈즈엉 성의 다이남

베트남에도 곳곳에 우리나라의 에버랜드와 롯데월드 같은 테마파크, 놀이공원이 많이 있는데요, 그중에서도 최대 규모를 자랑하는 남부 빈즈엉 성의 다이남에 대해 알아보고자 합니다.

베트남의 에버랜드로 통하는 이 다이남 관광리조트 안에는 동남아 최대의 사파리 농장, 사원, 놀이공원, 소인국, 쇼핑센터, 튜브썰매장, 인공해수욕장 등이 있습니다. 특히 겨울과 눈이 없는 베트남 남부에서 인공눈으로 만든 눈썰매장 'trượt phao(쯔엇 파오)'는 영하 10도의 날씨에서 높이가 약 100m에 이르는 얼음산에서 튜브썰매를 타고 신나게 내려올 수 있는 즐거움을 만끽할 수 있어 매우 각광받는 놀이코스이지요.

또한 인공해수욕장 'biển đại nam(비엔 다이남)'은 최대 30,000명을 동시에 수용할 수 있는 동남아 최대 규모의 인공해수욕장으로 세계에서 가장 긴 해변(1.6km)을 보유하고 있습니다. 베트남 최고, 최대 시설이라는 명성에 걸맞게 실제 베트남 휴양지 판티엣과 냐짱 해변의 모래를 공수해 왔고, 스페인에서 수입한 최신 장비로 인공파도를 일으켜 진짜 바다에서보다 더욱더 스릴 넘치고 재미있는 해수욕을 맛볼 수 있습니다. 요금은 성인 60,000동(한화 약 3,500원)으로 매우 저렴하여 부담없이 즐길 수 있습니다.

또한 베트남 산하의 아름다움을 한눈으로 볼 수 있게 축약시켜 놓은 다이남 파라다이스, 베트남 민족문화의 정수를 느낄 수 있도록 설계된 이 복합관광단지에서 베트남의 아름다움과 문화도 한번에 깊이 맛볼 수 있습니다. 총 공사 규모에 비해 지금 진척된 것은 약 4분의 1밖에 안 되지만 현재 계속 공사중이어서 이 모든 공사가 완성된 이후로는 명실상부 동남아 최대의 관광단지로 급부상할 날이 얼마 남지 않았습니다.

베트남에 방문한다면 꼭 한번 가서 좋은 추억들을 많이 만드시길 바랍니다.

Unit 10

Xin chị bớt cho!
좀 깎아 주세요!

기본회화 1

Hương : **A lô, Min-hwa phải không?**
알 로 민화   파이 콩

Min-hwa : **Dạ, ai đó?**
자   아이 도

Hương : **Min-hwa ơi, tôi là Hương.**
민화   어이 또이 라 흐엉

Chiều này Min-hwa sẽ làm gì?
찌에우 나이 민화   쌔 람   지

Min-hwa : **Tôi không có chuyện gì. Tôi muốn mua áo khoác.**
또이 콩   꼬 쭈이엔 지 또이 무언   무어 아오 코악

Hương : **Tốt quá, tôi cũng định đi mua sắm.**
똣   꾸아 또이 꿍   딩   디 무어 쌈

Cô hãy đi với tôi!
꼬   하이 디 버이 또이

Min-hwa : **Như vậy thì chúng ta gặp ở siêu thị ABC lúc 3 giờ**
니으 버이 티 쭝   따 갑 어 씨에우 티 아베쎄 룩 바 져

chiều nhé!
찌에우 녜

해석

흐엉 : 여보세요, 민화 맞나요?
민화 : 네, 누구세요?
란 : 민화야, 나 흐엉이야. 오늘 오후에 너는 뭐하니?
민화 : 아무 일도 없어. 외투를 좀 사러 가고 싶은데.
흐엉 : 잘됐다! 나도 쇼핑갈 예정이었는데.
       나랑 같이 가자!
민화 : 그러면 우리 ABC 백화점에서 오후 3시에 만나자.

기본회화 해설

1. A lô, Min-hwa phải không? 여보세요, 민화 맞나요?

A lô라는 말은 '여보세요'라는 뜻으로 전화를 할 때 사용합니다. 프랑스에서도 '여보세요'라는 말이 바로 A lô입니다. 베트남이 프랑스 식민지였다는 사실을 기억하시죠? 이같이 베트남어에는 많은 프랑스어가 사용되기도 한답니다.

2. Tôi không có chuyện gì. 아무 일도 없어.

'어떤 일도 없다', '한가하다'라는 뜻입니다. 여기서 부정부사 không을 제외하면 'gì(무슨, 어떤) 의문사', 곧 의문사 의문문이 되어 다음과 같이 쓸 수 있습니다.

Chị có chuyện gì? 무슨 일이 있습니까? / 무슨 문제가 있습니까?

3. Tôi cũng định đi mua sắm. 나도 쇼핑갈 예정이었는데.

định은 시제사로서 미래를 나타냅니다. 미래를 나타내는 sẽ와 비교하자면, sẽ는 막연한 미래를 나타내는 반면 định은 예정된 미래, 계획된 미래를 나타냅니다. '~할 계획이다', '~할 예정이다'라고 번역합니다.

Tôi sẽ đi Việt Nam. 나는 베트남에 갈 것이다. (언제인지는 모르지만 미래의 언젠가 베트남에 갈 것이다)

Tôi định đi Việt Nam. 나는 베트남에 갈 계획이다. (구체적인 일정이 잡혀진 상태, 그 일정에 베트남에 갈 것이다)

4. Như vậy thì ~. 그러면 ~.

như vậy thì는 앞의 말을 반복하는 기능으로 '그렇다면, 그러하다면'이라고 외워 두세요! 또한 문장 끝에 nhé가 오면 역시 가벼운 명령이나 청유를 나타내는데, 부드러운 어감을 나타내고 친밀한 사이에 주로 사용됩니다.

새로 나온 단어

a lô 알 로	여보세요(전화 시에 사용)	**hãy** 하이	~해, ~하자
đó 도	그	**với** 버이	~와, ~과
chiều 찌에우	오후	**như vậy thì** 니으 버이 티	그러면
chuyện 쭈이엔	일, 문제(matter)	**chúng ta** 쭝 따	우리
áo khoác 아오 코악	외투, 코트	**siêu thị** 씨에우 티	백화점, 슈퍼마켓
định 딩	~할 예정이다(시제)	**nhé** 녜	~해(부드러운 어감)
mua sắm 무어 쌈	쇼핑하다		

(ở siêu thị)
어 씨에우 티

Min-hwa : **Áo này đẹp quá! Cô thấy thế nào?**
아오 나이 뎁 꾸아 꼬 터이 테 나오

Có phù hợp với tôi không?
꼬 푸 헙 버이 또이 콩

Hương : **Rất phù hợp, nhưng có đắt không?**
젓 푸 헙 니응 꼬 닷 콩

Min-hwa : **Anh ơi! Cái áo này bao nhiều tiền?**
아잉 어이 까이 아오 나이 바오 니에우 띠엔

Người bán hàng : **Dạ, 300.000 đồng.**
자 바짬응인(응안) 동

Min-hwa : **Đắt quá! Xin anh bớt cho!**
닷 꾸아 씬 아잉 벗 쪼

Người bán hàng : **Chị là người nước ngoài, tôi bớt cho chị**
찌 라 응어이 느억 응오아이 또이 벗 쪼 찌

20.000 đồng.
하이므어이응인(응안) 동

Min-hwa : **Cám ơn nhiều!**
깜 언 니에우

해석

(백화점에서)

민화 : 이 옷 예쁘다. 네가 보기엔 어때?
　　　 나한테 어울리니?

흐엉 : 매우 잘 어울려! 근데 비싸지 않니?

민화 : 저기요, 이 옷 얼마인가요?

판매원 : 네, 30만 동입니다.

민화 : 너무 비싸요! 좀 깎아 주세요!

판매원 : 외국인이시니까 제가 2만 동 깎아 드릴게요.

민화 : 감사합니다.

Đắt quá! Xin chị bớt cho!

Rất phù hợp, nhưng có đắt không?

Chị là người nước ngoài, tôi bớt cho chị 20.000 đồng.

5. Có phù hợp với tôi không? 나한테 어울리니?

'phù hợp với+A'는 'A와 어울리다'라는 뜻입니다.

    Cái áo dài này rất phù hợp với cô ấy. 이 아오자이는 그녀에게 매우 잘 어울린다.

'어울리지 않는다'라고 할 때는 앞에 không을 붙여 주면 됩니다.

    Đôi giầy này không phù hợp với tôi. 이 구두는 나에게 어울리지 않아요.

6. Cái áo này bao nhiêu tiền? 이 옷 얼마인가요?

bao nhiêu tiền은 돈이 얼마, 곧 '얼마입니까?'라는 뜻입니다.

7. Xin chị bớt cho! 좀 깎아 주세요!

베트남에서 쇼핑할 때에는 외국인에게 바가지를 씌우는 경우가 많기 때문에 흥정을 하는 경우가 많습니다. 그때 유용하게 쓸 수 있는 표현입니다. bớt은 '값을 깎다'라는 뜻이고, cho는 동사 뒤에 쓰일 때 '~해 주다'라고 번역합니다. 그러면 정중하게 '깎아 주세요'가 되겠지요.

〈숫자읽기〉 100 이상 숫자 읽는 방법

100	một trăm	못 짬
101	một trăm lẻ(linh) một	못 짬 래(링) 못

    - 10 단위에 0이 있으면 'lẻ 래(호치민) 혹은 'linh 링(하노이)'으로 읽습니다.

111	một trăm mười một	못 짬 므어이 못

    - 그 이상은 앞에 일 백만 읽어 주고 십 단위에서 읽던 그대로 읽어 줍니다.

1,000	một nghìn(ngàn)	못 응인(응안)

    - 하노이에서는 'nghìn 응인'으로 읽고, 호치민에서는 'ngàn 응안'이라고 읽습니다.

1,001	một nghìn không trăm lẻ(linh) một	못 응인 콩 짬 래(링) 못

    - 백 단위에 0이 있으면 'không trăm 콩 짬'이라고 읽습니다.

10,000	mười nghìn(ngàn)	므어이 응인(응안)

    - 만이라는 단어 vạn이 있지만 거의 쓰이지 않고 영어 ten thousands처럼 10 그리고 1,000을 읽으면 됩니다.

word 새로 나온 단어

thấy 터이	보다, 느끼다	**đồng** 동	동(베트남 화폐단위)
phù hợp 푸 헙	어울리다	**bớt** 벗	값을 깎다
đắt 닷	비싸다	**người nước ngoài**	외국인
bao nhiều 바오 니에우	얼마	응어이 느억 응오아이	
tiền 띠엔	돈		

A lô, tôi nghe đây.
알 로 또이 응애 더이
여보세요, 접니다.

A lô, anh là Minh, phải không?
알 로 아잉 라 밍 파이 콩
여보세요, 당신은 밍입니까?

> **Tip**
>
> cho라는 단어는 원래 '주다'라는 뜻이지만 'cho+사람+동사'로 쓰이면 '사람에게 ~하게 하다', '사람에게 ~해 주다'라는 뜻으로 번역합니다. nói chuyện은 '이야기하다'라는 뜻이고, '누구와 이야기하다'는 전치사 với를 사용합니다.

Xin cho tôi nói chuyện với anh Minh.
씬 쪼 또이 노이 쭈이엔 버이 아잉 밍
밍씨를 좀 바꿔 주세요.

Anh Minh ơi! Anh có điện thoại.
아잉 밍 어이 아잉 꼬 디엔 토아이
밍씨! 전화가 왔었어요.

> **Tip**
>
> 전화번호를 물어볼 때는 mấy와 bao nhiêu 둘 다 사용해도 됩니다.

Số điện thoại của anh là số mấy / bao nhiêu?
쏘 디엔 토아이 꾸어 아잉 라 쏘 머이 바오 니에우
당신의 전화번호는 몇 번입니까?

Số điện thoại của tôi là 0943-57-394.
쏘 디엔 토아이 꾸어 또이 라 콩찐본바 남바이 바찐본
나의 전화번호는 0943-57-394번입니다.

> **Tip**
>
> điện thoại di động은 '이동 전화', 곧 '핸드폰'을 가르키고 앞의 대문자 이니셜만 써서 ĐTDĐ라고 쓰기도 합니다. 읽을 때는 풀어서 읽습니다.

Xin cho tôi biết số điện thoại di động của anh!
씬 쪼 또이 비엣 쏘 디엔 토아이 지 동 꾸어 아잉
나에게 당신의 핸드폰 번호를 알려 주세요.

Anh ơi, cái đồng hồ này bao nhiêu tiền một cái?
아잉 어이 까이 동 호 나이 바오 니에우 띠엔 못 까이
저기요(남자), 이 시계는 얼마입니까?

> **Tip**
>
> 'mời+2인칭+동사'는 정중하게 말하는 표현으로, '~해 주세요', '~해 주십시오'라는 뜻으로 번역합니다. thử는 보어로시 동사와 함께 쓰이고 '동사+thử'는 '한번 ~해 보다'라는 뜻입니다.

Dạ, một cái 350,000 đồng, mời chị đeo thử.
자 못 까이 바짬남므어이 응인 동 머이 찌 대오 트
네, 한 개에 35만 동입니다. 한번 차 보세요.

Quá mắc, anh bớt cho tôi 50,000 đồng, được không?
꾸아 막 아잉 벗 쪼 또이 남 므어이 응인 동 드억 콩
너무 비싸요, 5만 동 깎아 주실 수 있나요?

Chị ơi, tôi mặc thử cái áo này được không?
찌 어이 또이 막 트 까이 아오 나이 드억 콩
저기요, 이 옷을 한번 입어봐도 되나요?

Chật quá. / Lớn quá.
쩟 꾸아 런 꾸아
너무 작아요. / 너무 커요.

Có cái nào lớn hơn không? / Có cái nào rẻ hơn không?
꼬 까이 나오 런 헌 콩 꼬 까이 나오 재 헌 콩
더 큰 것은 없나요? / 더 싼 것은 없나요?

Cho tôi xem cái kia.
쪼 또이 쌤 까이 끼어
저것을 보여 주세요.

Tôi giảm giá cho chị 10%.
또이 지암 지아 쪼 찌 므어이 펀 짬
10% 할인해 드릴게요.

Chúng tôi đang giảm giá.
쭝 또이 당 지암 지아
지금 세일 중입니다.

word power **주요표현 단어**

nghe 응애	듣다	**mắc** 막	비싸다(= đất)
nói chuyện 노이 쭈이엔	이야기하다	**được không** 드억 콩	~할 수 있습니까?
cho 쪼	~에게, ~를 위해		가능합니까?(의문문)
số 쏘	번호, 숫자	**mặc** 막	옷을 입다
điện thoại di động	핸드폰, 휴대전화	**chật** 쩟	공간이 좁다, 옷이 작다
디엔 토아이 지(이) 동		**lớn** 런	크다 (= to)
đồng hồ 동 호	시계	**cái nào** 까이 나오	어느 것
mời 머이	~해 주세요	**rẻ** 재(래)	싸다, 싼
đeo 대오	시계, 반지 따위를 차다	**giảm giá** 지암 지아	할인하다
thử 트	한번 ~해 보다		

동사 cho와 전치사 cho

베트남어에는 한 단어가 문장 속에서 전치사도 되고 동사도 되는 경우가 종종 있습니다. 전치사로 쓰일 때와 동사로 쓰일 때 뜻이 다르기 때문에 언제 전치사로 쓰이고 동사로 쓰였는지 구분해서 알아 두어야 합니다.

그 대표적인 것이 바로 단어 cho입니다. 이 단어의 뜻은 동사로 '주다'라는 뜻이고 전치사로 쓰일 때는 '~에게', '~를 위해'라고 번역됩니다.

1. 동사로 쓰일 때

동사로 사용될 때는 크게 두 가지 형식이 있는데, 첫 번째는 'cho+사람+명사(명사구)', 두 번째는 'cho+사람+동사(동사구)'입니다.

① Cho + 사람 + 명사(명사구) = 사람에게 ~를 주다
② Cho + 사람 + 동사(동사구) = 사람에게 ~하게 하다 / ~해 주다

①의 쓰임은 식당에서 주문을 할 때 또는 쇼핑을 할 때 주로 사용되는 표현입니다.

②의 쓰임은 사역의 의미를 나타내는데, '사람'의 자리에 1인칭 tôi가 오면 '나에게 ~하게 해 달라', '~하게 해 주세요'라고 번역되어 부탁이나 요청을 할 때 주로 사용됩니다.

Cho tôi một tô phở. 나에게 쌀국수 한 그릇을 주세요.(주문할 때)

Cho tôi xem cái áo này. 나에게 이 옷을 보여 주세요. (내가 이 옷을 보게 해 주세요)

2. 전치사로 쓰일 때

전치사로 쓰일 때는 문장 속에서 cho라는 단어 이외에, 이 단어의 앞쪽에 다른 동사가 위치할 때입니다. 문장 속에 다른 동사가 있으면 동사 역할을 하지 않고 전치사 역할을 하게 되는 것이지요. 전치사로 쓰일 때는 '~에게', '~를 위해'라고 번역합니다.

Chị Linh gọi điện thoại **cho** tôi. 링씨가 나에게 전화를 했다.

이 문장에서 cho 앞에 gọi라는 동사가 있으므로 cho는 전치사가 되어 '~에게'라고 번역이 됩니다.

Bố tôi mua một cái đồng hồ **cho** tôi. 아빠는 나를 위해 시계 한 개를 샀다.

연습문제

1. 다음 ( ) 안에 알맞은 단어를 넣으세요.

1) (   )! Tôi nghe đây.   여보세요! 접니다.
2) Xin cho tôi (   ) với Nhung.   늉을 바꿔 주세요.
3) A : Cái áo này (   )?   이 옷은 얼마입니까?
   B : 200,000 đồng.   20만 동입니다.
4) Đắt quá, xin anh (   )!   너무 비싸요. 깎아 주세요
5) Chị ơi! Tôi mặc (   ) áo này được không?
   저기요! 이 옷을 입어 봐도 될까요?

note

• nghe : 듣다
• với : ~와
• đắt : 비싸다
• mặc : 입다

2. 다음을 해석하세요.

1) Xin lỗi, chị Linh đang bận.

2) Xin cho tôi biết số điện thoại di động của anh!

3) Có cái nào chật hơn không?

4) Tôi muốn mua một cái áo khoác.

• bận : 바쁘다
• biết : 알다
• số : 번호
• điện thoại di động : 핸드폰
• chật : 작다, 좁다
• hơn : ~보다
• áo khoác : 외투

3. 다음과 같은 말을 고르세요.

Cho tôi nói chuyện với Trang.

① Cho tôi gặp Trang.
② Tôi đã gọi điện thoại cho Trang.
③ Số điện thoại của Trang là số mấy?
④ Cho tôi biết số điện thoại của Trang.

• nói chuyện : 이야기하다
• gặp : 만나다
• mấy : 몇

정답

1. 1) A lô 2) nói chuyện 3) bao nhiêu tiền 4) bớt cho 5) thử   **2.** 1) 죄송합니다만, 링씨는 현재 바빠요. 2) 당신의 핸드폰 전화번호를 알려 주세요. 3) 더 작은 것 있나요? 4) 나는 외투 한 벌을 사기를 원해요.   **3.** ①

주제별 단어

▶ **주요 형용사**

nhiều 많은
니에우

ít 적은
잇

to / lớn 큰
또 / 런

nhỏ 작은
뇨

rộng 종(롱) (공간이) 넓은

xa 싸 (거리가) 먼

đẹp 뎁 예쁜

cao 까오 높은, 키가 큰

tốt 똣 좋은

rẻ 재(래) 싼

cũ 꾸 오래된

chật 쩟 (공간이) 좁은, (옷이) 작은, 꽉 끼는

gần 건 (거리가) 가까운

xấu 써우 못생긴, 나쁜

thấp 텁 낮은, 키가 작은

đắt / mắc 닷 / 막 비싼

mới 머이 새로운, 새

〈신체에 착용하는 단어〉

mặc 막 (옷을) 입다

đeo 대오 (시계, 반지 따위를) 차다, (안경을) 끼다

đi 디 (신발을) 신다

cởi 꺼이 (옷을) 벗다

tháo 타오 (시계, 반지, 안경 따위를) 벗다, 빼다

bỏ 버 (신발을) 벗다

〈의류 관련 단어〉

áo sơ mi 아오 써 미 셔츠

áo váy 아오 바이 원피스

áo lót 아오 럿 속옷

áo ngủ 아오 응우 잠옷

quần 꾸언 바지

quần kaki 꾸언 까끼 면바지

dây lưng 저이(여이) 릉 허리띠, 벨트

giầy / giày 지어이 / 지아이 구두

mũ / nón 무 / 논 모자

áo khoác 아오 코악 코트, 외투

áo thùn 아오 툰 티셔츠

áo tắm 아오 땀 수영복

váy 바이 치마

quần jean 꾸언 진 청바지

tất chân 떳 쩐 양말

bao tay / găng tay 바오 따이 / 강 따이 장갑

giầy thể thao 지어이 테 타오 운동화

túi xách 뚜이 싸익(싹) 핸드백, 가방

베트남 엿보기

베트남의 화폐 : 동

베트남의 화폐단위는 '동(đồng)'이라고 하며 (쉽게 말해 우리나라는 원, 베트남은 동) 돈 단위가 우리나라에 비해 매우 큽니다. 자, 아래의 사진을 보면 알 수 있듯이 돈의 색상이 다양하고 알록달록한데 우리나라처럼 돈의 모델이 여러 사람이 아니라 호치민 주석 한 명뿐이라는 것을 알 수 있습니다. 또한 우리나라처럼 종이권이 아니라 폴리머 지폐라는 특수 플라스틱 재질인데 물에 젖지 않는다고 합니다. 베트남 돈의 종류는 200동, 500동, 1,000동, 2,000동, 5,000동, 10,000동, 20,000동, 50,000동, 100,000동, 200,000동, 500,000동입니다. 각 단위별로 1, 2, 5로 보시면 됩니다. 최고액권은 500,000동으로 우리나라 돈으로 약 27,000원 정도 됩니다.(2012년 1월 기준) 주로 쓰게 되는 돈은 10,000동에서 100,000동 정도인데 우리나라 돈으로 각각 540원, 5,400원 정도입니다.

쌀국수 한그릇이 길거리 보통 서민 밥집에서 약 20,000동, 우리나라 돈으로는 약 1,100원 정도 되겠네요. 10만 동은 그 나라에서는 매우 큰 돈입니다. 10만 동이면 베트남 현지에서 5, 6명이 점심식사를 해결할 수 있는 돈이고, 공무원의 한 달 월급이 300만~400만 동 정도(약 16만~18만 원)라고 하니 우리나라 돈의 가치가 비교적 높은 것을 볼 수 있습니다. 베트남이 상대적으로 임금이 낮기도 하고요.

베트남에서 환전할 때는 한 번에 환전되지 않고 달러로 환전한 다음에 다시 환전하는 방식인데, 은행보다는 시내 주요 금은방에 가시면 매우 유리하게 환전할 수 있답니다. 베트남 관광지의 주요 식당이나, 호텔, 택시는 달러로 계산할 수 있으나 환율에서 손해를 보는 편이니 소액은 가급적이면 베트남 동을 사용하시는 것이 좋습니다. 베트남 물가는 음식과 과일, 수공예품은 우리나라보다 싼 편이나 고급 공산품들은 우리나라와 별반 차이가 없고 품질도 좋지 않은 편입니다.

Unit 11

Anh học tiếng Việt để làm gì?
당신은 무엇을 하기 위해 베트남어를 배우나요?

기본회화 1

Lan : **Anh Jin-ho ơi, đây là cô Hương, bạn của tôi.**
아잉 진호 어이 더이 라 꼬 흐엉 반 꾸어 또이

Jin-ho : **Chào cô, rất vui được gặp cô!**
짜오 꼬 젓 부이 드억 갑 꼬

Hương : **Anh có thể nói tiếng Việt không?**
아잉 꼬 태 노이 띠엥 비엣 콩

Nói tiếng Việt rất giỏi.
노이 띠엥 비엣 젓 지어이

Jin-ho : **Không, ít thôi.**
콩 잇 토이

Hương : **Anh đã học tiếng Việt bao lâu rồi?**
아잉 다 혹 띠엥 비엣 바오 러우 조이

Jin-ho : **Tôi đã học tiếng Việt 2 năm rồi.**
또이 다 혹 띠엥 비엣 하이 남 조이

해석

란 : 진호야, 이 사람은 내 친구 흐엉이야.
진호 : 안녕하세요, 만나서 반갑습니다!
흐엉 : 베드남어를 할 줄 아세요?
베트남어를 아주 잘하는데요.
진호 : 아닙니다, 조금밖에 못 해요.
흐엉 : 베트남어를 공부한 지 얼마나 되셨나요?
진호 : 베트남어를 공부한 지 2년 되었습니다.

1. Anh có thể nói tiếng Việt không? 베트남어를 할 줄 아세요?

có thể는 동사 앞에 쓰이는 조동사로 '~할 수 있다'라는 표현입니다. 반대말 '~할 수 없다'는 có 대신에 không을 넣어 'không thể+동사'라고 하면 되고, '~할 수 있습니까?'라는 의문문도 'có thể+동사(동사구)+không?'처럼 긍정문 문장 뒤에 không을 붙여 주면 됩니다.

• 긍정문 : 주어+có thể+동사 = ~할 수 있다

　　Tôi có thể nói tiếng Việt. 나는 베트남어를 할 수 있어요.

• 부정문 : 주어+không thể+동사 = ~할 수 없다

　　Tôi không thể nói tiếng Việt. 나는 베트남어를 할 수 없어요.

• 의문 : 주어+có thể+동사(동사구)+không? ~할 수 있습니까?

　　Anh có thể nói tiếng Việt không? 당신은 베트남어를 할 수 있나요?

2. Nói tiếng Việt rất giỏi. 베트남어를 아주 잘하는데요.

어떤 행동의 정도, 곧 하는 것이 '잘한다, 재미있다, 즐겁다, 지루하다' 등등을 나타낼 때의 어순은 '주어+동사+(목적어)+형용사'입니다. 곧 '(주어)가 (형용사)하게 (동사)(목적어)한다'라고 번역하면 됩니다.

　　그는 공부를 잘한다. = 그는+공부를 한다+잘한다 → Anh ấy học giỏi.

3. Không, ít thôi. 아닙니다, 조금밖에 못 해요.

'chỉ+형용사/동사+thôi'는 '겨우[단지] ~일뿐이다'라는 뜻으로 앞의 chỉ나 뒤의 thôi 중 하나를 생략해도 뜻은 같습니다.

4. Anh đã học tiếng Việt bao lâu rồi? 베트남어를 공부한 지 얼마나 되셨나요?

'주어+đã+동사구+bao lâu rồi?'는 '~가 …한 지 얼마나 되었어?'라고 어떤 일이 행해져 온 기간을 물어볼 때 사용합니다. 대답을 할 때는 의문사 bao lâu 자리에 기간을 넣어 주면 됩니다. 이때 đã는 생략이 가능합니다.

word 새로 나온 단어

có thể 꼬 테	~할 수 있다(có thể+동사)	**thôi** 토이	~일 뿐이다(= chỉ ~ thôi)
giỏi 지어이	잘하는	**bao lâu** 바오 러우	얼마나 오래
ít 잇	적은, 조금		

Hương : **Anh đã học tiếng Việt ở đâu?**
아잉 다 혹 띠엥 비엣 어 더우

Jin-ho : **Ở trường đại học khoa học xã hội và nhân văn.**
어 쯔엉 다이 혹 코아 혹 싸 호이 바 년 반

Hương : **Anh học tiếng Việt để làm gì?**
아잉 혹 띠엥 비엣 데 람 지

Jin-ho : **Tôi học tiếng Việt để tìm hiểu văn hóa Việt Nam.**
또이 혹 띠엥 비엣 데 띰 히에우 반 호아 비엣 남

Tôi rất quan tâm đến văn hóa Việt Nam.
또이 젓 꾸안 떰 덴 반 호아 비엣 남

Hương : **Tôi cũng vậy.**
또이 꿍 버이

Tôi đến Hàn Quốc để hiểu biết về văn hóa Hàn Quốc.
또이 덴 한 꾸옥 데 히에우 비엣 베 반 호아 한 꾸옥

Jin-ho : **Tôi nghĩ là văn hóa Việt Nam và văn hóa Hàn Quốc**
또이 응이 라 반 호아 비엣 남 바 반 호아 한 꾸옥

giống nhau.
지옹 냐우

> Anh học tiếng Việt để làm gì?

> Tôi học tiếng Việt để tìm hiểu văn hóa Việt Nam.

해석

흐엉 : 베트남어를 어디에서 배웠나요?

진호 : 인문사회과학 대학교에서요.

흐엉 : 당신은 무엇을 하기 위해 베트남어를 배우나요?

진호 : 나는 베트남 문화를 알고 싶어서 베트남어를 배웁니다.

나는 베트남 문화에 관심이 많아요.

흐엉 : 나도 그래요.

나도 한국의 문화에 대해 알고 싶어서 한국에 왔어요.

진호 : 내 생각에는 한국 문화와 베트남 문화가 비슷한 것 같아요.

5. Ở trường đại học khoa học xã hội và nhân văn. 인문사회과학 대학교에서요.

호치민 시에 있는 인문사회과학 대학교입니다. 베트남에 어학 연수를 가게 되면 주로 이 대학교에 가서 베트남어를 배웁니다. 베트남어에서 학교 명이나, 병원 이름 등 기관 명을 말할 때에는 우리나라와 반대로 말합니다. 예를 들면, 우리나라의 '세브란스 병원'처럼 병원 이름이 명사 앞에 오는 것이 아니라 '병원+세브란스' 형식으로 뒤에 옵니다.

bệnh viện Chợ Rẫy   쩌러이 병원   trường đại học kinh tế Hà Nội   하노이 경제대학교

6. Anh học tiếng Việt để làm gì? 당신은 무엇을 하기 위해 베트남어를 배우나요?

'để+동사'는 목적을 나타내며 '~하기 위해서', '~하기 위하여'로 번역합니다.

để học   공부하기 위해서   để gặp người Việt   베트남 사람을 만나기 위해서

또한 để làm gì?는 '무엇을 하기 위해서'라고 번역되며 어떤 행위의 목적을 물어볼 때 사용합니다.

7. Tôi rất quan tâm đến văn hóa Việt Nam. 나는 베트남 문화에 관심이 많아요.

'~에 관심이 있다'라고 할 때에는 'quan tâm đến+명사'라고 하면 됩니다. 여기서 đến은 전치사로 '~에 대해'라는 뜻입니다. 숙어처럼 외워 두세요!

Anh ấy rất quan tâm đến bóng đá.   그는 축구에 매우 관심이 있다.

8. Tôi nghĩ là văn hóa Việt Nam và văn hóa Hàn Quốc giống nhau. 내 생각에는 한국 문화와 베트남 문화가 비슷한 것 같아요.

'주어+nghĩ+là(rằng)+문장'의 구문으로 '~가 생각하기에는 …하다' 또는 '~는 …하다고 생각한다'라고 번역해 주면 됩니다. 또 'A và B giống nhau'는 'A와 B는 비슷하다'입니다. 비슷한 것을 비교할 때 쓰이는 구문입니다.

word 새로 나온 단어

khoa học 코아 혹	과학		**văn hóa** 반 호아	문화
xã hội 싸 호이	사회		**quan tâm đến** 꾸안 떰 덴	~에 관심이 있다
nhân văn 년 반	인문		**hiểu biết** 히에우 비엣	이해하다, 알다
để 데	~하기 위하여(목적 ; để+동사)		**nghĩ** 응이	생각하다
tìm hiểu 띰 히에우	이해하다, 알다, 탐구하다		**giống nhau** 지옹 냐우	비슷하다

Anh có thể nói tiếng Hàn không?
아잉 꼬 테 노이 띠엥 한 콩
당신은 한국어를 할 수 있습니까?

Tôi có thể nói tiếng Hàn.
또이 꼬 테 노이 띠엥 한
나는 한국어를 할 수 있습니다.

Tôi không thể nói tiếng Hàn.
또이 콩 테 노이 띠엥 한
나는 한국어를 못 합니다.

Hôm nay, anh có thể đến không?
홈 나이 아잉 꼬 테 덴 콩
오늘 당신은 올 수 있나요?

Anh đã sống ở Việt Nam bao lâu rồi?
아잉 다 쏭 어 비엣 남 바오 러우 조이
당신은 베트남에서 산 지 얼마나 되었나요?

Tôi đã sống ở Việt Nam 5 tháng rồi.
또이 다 쏭 어 비엣 남 남탕 조이
나는 베트남에서 산 지 5개월 되었습니다.

Chị đã đến Hàn Quốc bao lâu rồi?
찌 다 덴 한 꾸옥 바오 러우 조이
당신은 한국에 온 지 얼마나 되었습니까?

Tôi đã đến Hàn Quốc khoảng 2 năm rồi.
또이 다 덴 한 꾸옥 코앙 하이남 조이
나는 한국에 온 지 약 2년 되었습니다.

Tôi mới đến Hàn Quốc, chưa được 1 tuần.
또이 머이 덴 한 꾸옥 쯔어 드억 못 뚜언
한국에 막 왔습니다. 1주일 안 되었어요.

Anh đến Việt Nam để làm gì?
아잉 덴 비엣 남 데 람 지
당신은 베트남에 무엇을 하러 왔습니까?

Tip

기간을 물어볼 때는 đã ~ bao lâu rồi? 구문을 사용합니다.

Tip

기간을 나타낼 때는 '숫자+시간 단위(일, 월, 년)'입니다.

Tip

được 이 시간, 기간 앞에 쓰이면 '기간이 되다'라는 뜻으로 번역됩니다.

Tôi đến Việt Nam để công tác.
또이 덴 비엣 남 데 꽁 딱
나는 출장으로 베트남에 왔습니다.

Tôi đến Việt Nam để du lịch.
또이 덴 비엣 남 데 주 릭
나는 여행하러 베트남에 왔습니다.

Tôi đến Việt Nam để làm ăn.
또이 덴 비엣 남 데 람 안
나는 사업하러 베트남에 왔습니다.

Tôi nghĩ rằng người Việt rất thân thiết.
또이 응이 장 응어이 비엣 젓 턴 티엣
내 생각엔 베트남 사람은 참 친절한 것 같아요.

Mùa hè Việt Nam và mùa hè Hàn Quốc giống nhau.
무어 해 비엣 남 바 무어 해 한 꾸옥 지옹 나우
베트남의 여름과 한국의 여름은 비슷해요.

Cái này và cái kia giống nhau.
까이 나이 바 까이 끼어 지옹 나우
이것과 저것은 비슷해요.

Tip

'서로 다르다'라고 표현할 때는
khác nhau를 사용합니다.

Văn hóa Hàn Quốc và văn hóa Việt Nam khác nhau.
반 호아 한 꾸옥 바 반 호아 비엣 남 칵 나우
한국 문화와 베트남 문화는 다릅니다.

주요표현 단어 word power

khoảng 코앙	대략	**du lịch** 주(유) 릭	여행가다
mới 머이	이제 막, 방금(근접과거)	**làm ăn** 람 안	사업하다
chưa được 쯔어 드억	기간이 안 되었다	**thân thiết** 턴 티엣	친절한, 친근한
	(chưa được+기간)	**mùa hè** 무어 해	여름
tuần 뚜언	주(시간 단위)	**khác nhau** 칵 나우	다르다
công tác 꽁 딱	출장		

단어 để

앞에서 살펴본 cho와 같이 để라는 단어도 문장 안에서의 쓰임이 여러 가지입니다. 특히 이 để 는 뒤에 어떤 단어가 오느냐에 따라 크게 세 가지로 번역되는데 여기서 자세히 알아보도록 하겠 습니다.

1. để + 동사

앞서 학습한 대로 'để+동사'가 올 때에는 목적을 나타냅니다. '~하기 위해서'라고 번역이 되지 요.

Chị ấy học tiếng Anh **để** tìm việc làm. 그녀는 취직하기 위해 영어를 공부한다.

▌tìm : 찾다, 구하다   việc làm : 일, 일자리

2. để + 사물명사

이때 để의 품사는 동사로 '놓다, 두다'라는 뜻입니다.

Anh **để** tiền ở đâu? 돈을 어디다 두었나요?
Tôi **để** tiền ở trên bàn. 책상 위에 두었어요.

3. để + 인칭명사(주어) = 문장

để 뒤에 문장, 곧 주어인 인칭명사가 오면 để는 사역의 의미로 바뀌어 '~가 …하게 두다'라는 뜻이 되고, 주어의 자리에 1인칭(나)이 올 경우에는 '내가 ~하게 두어요', '내가 ~하겠습니다'라는 뜻으로 번역됩니다.

Để tôi gọi điện thoại cho anh ấy. 내가 그에게 전화하겠습니다.
Để tôi nghĩ một chút. 잠시 생각 좀 해 볼게요.

연습문제

1. 다음 ( ) 안에 알맞은 단어를 넣으세요.

1) Anh ( ) ăn phở không? 당신은 쌀국수를 먹을 수 있습니까?

2) Cô đã làm việc ở công ty này ( )?
   이 회사에서 일한 지 얼마나 되셨나요?

3) Tôi ( ) anh ấy là người Việt Nam.
   나는 그가 베트남 사람이라고 생각한다.

4) Cái máy vi tính này và cái máy vi tính của anh
   Minh ( ). 이 컴퓨터와 밍 오빠의 컴퓨터는 비슷하다.

note

• ăn phở : 쌀국수를 먹다
• làm việc : 일하다
• máy vi tính : 컴퓨터

2. 다음을 해석하세요.

1) Tôi đã tốt nghiệp đại học chưa được 2 năm.

2) Chúng tôi học tiếng Việt để tìm việc làm.

3) Tôi không thể ăn phở.

4) Tôi nghĩ rằng cô ấy nói tiếng Việt rất giỏi.

• tốt nghiệp : 졸업하다
• đại học : 대학교
• chúng tôi : 우리
• tìm : 찾다, 구하다
• không thể : 할 수 없다
• nghĩ : 생각하다
• rất giỏi : 매우 잘한다

3. 다음의 **để**와 같은 쓰임을 고르세요.

Để tôi xem.

① Mẹ để túi xách của tôi ở đâu?
② Để tôi nói cho anh ấy.
③ Tôi đến đây để gặp thầy Minh.
④ Anh ấy đi Việt Nam để nói chuyện với người Việt.

• túi xách : 가방
• nói : 말하다
• gặp : 만나다
• thầy : 남자 선생님
• nói chuyện : 이야기하다

정답

1. 1) có thể 2) bao lâu rồi 3) nghĩ 4) giống nhau   **2.** 1) 나는 대학교 졸업한 지 2년이 안 되었다.   2) 우리는 취직하기 위해서 베트남어를 공부한다.   3) 나는 쌀국수를 못 먹는다.   4) 내가 생각하기에 그녀는 베트남어를 아주 잘한다.   **3.** ②

▶ 전기 · 전자 제품

ti vi 텔레비전
띠비

máy vi tính 컴퓨터
마이 비 띵

quạt máy 선풍기
꾸앗 마이

tủ lạnh 냉장고
뚜 라잉(란)

máy lạnh 에어컨
마이 라잉(란)

máy điện thoại 전화기
마이 디엔 토아이

điện thoại di động
디엔 토아이 지(이) 동
핸드폰

máy trộn 믹서기
마이 쫀

máy viđio 마이 비디오 비디오

máy chụp hình 마이 쭙 힝 디지털 카메라

máy ép hơi 마이 앱 허이 코팅기

máy giặt 마이 지앗(이앗) 세탁기

bán ủi 반 우이 다리미

ống nghe 옹 응애 이어폰

máy mp3 마이 엠 피 바 엠피쓰리

máy fax 마이 팍스 팩스

thang máy 탕 마이 엘리베이터

lò nướng bánh 로 느엉 바잉(반) 토스터기

đèn bàn 댄 반 전기스탠드

cái loa 까이 로아 스피커

máy rút 부마이 줏(룻) 프린터기

máy cạo râu điện 마이 까오 저우(러우) 디엔 전기면도기

máy vi tính xách tay 마이 비 띵 싸익(싹) 따이 노트북 컴퓨터

máy điều khiển từ xa 마이 디에우 키엔 뜨 싸 리모콘

máy nghe 마이 응애 오디오

máy in 마이 인 인쇄기

máy lò viva 마이 로 비바 전자레인지

máy sấy tóc 마이 싸이 똑 헤어 드라이기

máy ghi âm 마이 기 엄 녹음기

radio 레이 디오 라디오

máy lò 마이 로 오븐

máy nhắn tin 마이 냔 띤 삐삐

máy hút bụi 마이 훗 부이 청소기

bếp ga 뱁 가 가스렌지

máy may 마이 마이 재봉틀

micrô 미끄로 마이크

máy scan 마이 스깬 스캐너

베트남 사람들의 생활 속으로

베트남 사람들은 은행을 이용하지 않는 것으로 유명합니다. 베트남 사람들은 은행에 돈을 맡기기를 꺼려하여 대부분 집에 있는 금고에 현금으로 보관하는데, 그 튼튼하기로 유명한 금고가 바로 한국제 금고입니다. 왜 베트남 사람들은 은행을 이용하길 꺼리는 걸까요? 왜냐하면 그동안 베트남 은행들이 L/C를 발급해 놓고도 수출대금을 지급하지 않았기 때문입니다. 그래서 베트남 은행의 국제 신용도는 최하위에 머물러 있고 국가 신용도 역시 좋지 않습니다. 이러한 영향이 베트남 국민에게 미쳐 예금 인출 불가능 사태도 있을 수 있다는 인식으로 번져 은행을 이용하길 꺼리는 거랍니다. 심지어 베트남 사람들은 환전을 할 때도 은행을 이용하는 것이 아니라 환전소를 이용하고 또 은행을 이용할 시 남게 되는 기록을 부담스럽게 생각합니다.

그래서 이 문제는 국가적으로 경제 발전을 위한 국내자본 형성에 결정적인 걸림돌이 되고 있고 베트남 경제문제에 가장 큰 골칫거리입니다. 만약 정부가 제도금융권 밖에 있는 자본을 은행으로 끌어와 국내 자본 형성에 성공한다면 이는 곧 베트남의 경제 발전에 매우 든든하고 견고한 버팀목이 되어 더욱더 단시간에 눈부신 발전이 가능할 것입니다.

또한 베트남 사람들의 큰 특징 중 하나는 모유 수유보다는 분유를 선호한다는 것입니다. 우리나라 사람들 인식에는 모유 수유가 가장 좋고 안전한 것인데 베트남 어머니들은 분유 수유를 선호한다고 합니다. 베트남의 유제품은 종류가 다양할 뿐만 아니라 프랑스의 영향을 받아 질적으로도 매우 높게 인식되고 있기 때문입니다. 실제로 베트남 마트에 가면 싼 가격에 여러 종류의 질 좋은 유제품들, 요구르트, 우유, 요플레, 치즈 등을 맛볼 수 있답니다.

Cho tôi một tô phở bò.
소고기 쌀국수 한 그릇 주세요.

기본회화 1

Bit-na : **Hôm nay, tôi muốn ăn món ăn Việt Nam.**
홈　나이　또이 무온　안 몬　안 비엣 남

Đức : **Tôi biết một quán ăn rất ngon.**
또이 비엣 못　꾸안　안 젓 응온

Cô hãy đi ăn cơm cùng tôi đi!
꼬　하이 디 안 껌　꿍　또이 디

Bit-na : **Anh thích món ăn Việt Nam nào?**
아잉 틱　몬　안 비엣 남　나오

Đức : **Món ăn nào cũng thích, đặc biệt tôi thích lẩu dê.**
몬　안 나오 꾸웅　틱　닥 비엣 또이 틱　러우 제

Bit-na : **Anh ăn được lẩu dê hả? Tôi không ăn được lẩu dê.**
아잉 안 드억　러우 제 하　또이 콩　안 드억　러우 제

Tôi biết một
quán ăn rất ngon.

해석
빛나 : 오늘 베트남 음식 먹고 싶다.
득 : 나 정말 맛있는 음식점 아는데.
　　나랑 같이 밥 먹으러 가요!
빛나 : 어떤 베트남 음식을 좋아하세요?
득 : 어떤 음식이든지 다 좋아요. 특히 나는 염소탕을 좋아해요.
빛나 : 염소탕을 먹을 수 있어요? 저는 염소탕을 못 먹어요.

기본회화 해설

1. Tôi biết một quán ăn rất ngon. 나 정말 맛있는 음식점 아는데.

베트남어 문장에서 명사를 수식하는 형용사의 위치는 명사 뒤입니다. 그래서 주어 동사를 번역하고 목적어에 수식어구가 있을 때는 뒤에서부터 번역을 합니다.

Tôi + biết + một quán ăn rất ngon.
주어   동사   목적어

여기서 목적어는 '수사+명사+부사+형용사'의 구조로 수식어구가 길어지는 모습을 보이는데, 뒤에서부터 차근차근 번역해 주면 됩니다.

매우(rất) 맛있는(ngon) 음식점(quán ăn) 하나(một)

2. Món ăn nào cũng thích. 어떤 음식이든지 다 좋아요.

'명사+nào+cũng+…'는 '어떤 ~(명사)라든지 다 …하다', 곧 '모든 ~는 다 된다'라는 구문입니다. 그러므로 '어떤 음식이라도 다 좋다'라는 뜻입니다.

Theo tôi, túi xách nào cũng thích. 나에게는, 어떤 가방이든지 다 좋아요.

비슷한 구문으로 '명사+nào+cũng được'이 있는데, 이 구문도 '어떤 ~라든지 다 된다'라는 뜻으로 함께 많이 쓰입니다.

Máy vi tính nào cũng được. 어떤 컴퓨터라도 다 됩니다.

3. đặc biệt tôi thích lẩu dê. 특히 나는 염소탕을 좋아해요.

đặc biệt은 '특히'라는 뜻으로 강조할 때 사용하는 부사입니다. 형용사로 쓰일 때는 '특별한'이라는 뜻을 나타냅니다.

- 부사로 쓰일 때 : Tôi muốn đi du lịch Đông Nam Á, đặc biệt tôi muốn đi Việt nam.
  나는 동남아로 여행가고 싶은데 특히 베트남을 가고 싶다.
- 형용사로 쓰일 때 : Theo tôi, những ngày ở sài gòn rất đặc biệt.
  나에게는, 사이공에 머물렀던 날들이 매우 특별하다.

word 새로 나온 단어

món ăn	몬 안	음식	lẩu dê	러우 제(예)	염소탕
quán ăn	꾸안 안	음식점	được	드억	~할 수 있다
ngon	응온	맛있는			(동사 + được)
cùng	꿍	~와 함께, 같이	hả	하	~한다고요?
đặc biệt	닥 비엣	특히			(반문의 어기를 나타냄)

Người phục vụ : **Xin mời các anh chị vào! Các anh chị dùng gì?**
씬 머이 깍 아잉 찌 바오 깍 아잉 찌 중 지

Bit-na : **À… (xem thực đơn) cho tôi một tô phở bò.**
아 쌤 특 던 쪼 또이못 또 퍼 보

Còn anh?
꼰 아잉

Đức : **Tôi ăn một đĩa cơm sườn và một đĩa chả giò,**
또이 안 못 디아 껌 쓰언 바 못 디아 짜 죠

anh ơi, cho tôi khăn giấy.
아잉 어이 쪼 또이 칸 지어이

Người phục vụ : **Dạ, xin đợi một chút.**
자 씬 더이 못 쭛

Các anh chị muốn uống gì không?
깍 아잉 찌 무온 우옹 지 콩

Bit-na : **Tôi muốn uống trà đá.**
또이 무온 우옹 짜 다

Đức : **Tôi uống trà đá mất ngủ, cho tôi một ly bảy úp.**
또이 우옹 짜 다 멋 응우 쪼 또이못 리 바이 업

웨이터 : 여러분, 어서 오세요! 무엇을 드시겠습니까?

빛나 : 아… (메뉴를 본다) 소고기 쌀국수 한 그릇 주세요.
당신은요?

득 : 나는 껌 스언 한 접시와 짜조 한 접시 먹을래요.
저기요, 냅킨 좀 주세요.

웨이터 : 네, 조금만 기다리세요.
어떤 음료를 드시고 싶으신가요?

빛나 : 나는 짜다 마실래요.

득 : 나는 짜다를 마시면 잠이 안 와요.
사이다 한 잔 주세요.

cho tôi một tô phở bò.

Xin mời các anh chị vào!
Các anh chị dùng gì?

4. Các anh chị dùng gì? 무엇을 드시겠습니까?

các은 2, 3인칭 앞에 쓰여 복수를 나타내는 말로 '~들, ~분들'이라고 번역하면 되고, 동사 dùng은 '먹다'라는 뜻의 ăn의 높임말로 '드시다, 잡수시다'라는 뜻입니다.

5. Cho tôi một tô phở bò. 소고기 쌀국수 한 그릇 주세요.

베트남에서 음식을 주문할 때에는 'cho tôi+수량+단위(종별사)+음식 이름'의 형식으로 말합니다. 수량과 단위, 예를 들면 접시인지, 그릇인지, 병인지, 컵인지를 엄격하게 구분하여 말하는 편입니다.

cho tôi một + tô + phở bò. 나에게 소고기 쌀국수를 한 그릇 주세요.
      수량   그릇   소고기 쌀국수

6. Xin đợi một chút. 조금만 기다리세요.

'잠시만 기다리세요!'라는 표현입니다. xin이 문장 앞에 오면 정중하게 요구하는 표현 '~해 주십시오'라는 뜻입니다. đợi라는 단어는 '기다리다'라는 뜻으로 단어 chờ와 같은 뜻입니다.

Xin đợi một chút. = Xin chờ một chút.

7. Các anh chị muốn uống gì không? 어떤 음료를 드시고 싶으신가요?

위 문장에서 gì는 의문사가 아니라 의문대명사로 '무엇을 마시다'라고 번역되고, 동사 muốn 앞에 có가 생략된 'có ~ không 의문문'입니다. 바로 뒤의 단어가 muốn이므로 '당신은 무엇이라도 마시고 싶나요?'라고 번역합니다.

8. Cho tôi một ly bảy úp. 사이다 한 잔 주세요.

trà đá는 '얼음차'를 말하고 bảy úp은 우리나라의 '사이다'와 비슷한 음료 seven(bảy) up을 베트남식으로 발음한 것입니다. 참고로 베트남의 물은 위생적이지 않으니 꼭 생수를 사 드세요!

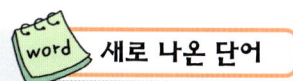 **새로 나온 단어**

vào 바오	들어가다	**phở bò** 퍼 보	소고기 쌀국수
dùng 중	드시다('먹다'의 높임말)	**đĩa** 디아	접시
thực đơn 특 던	메뉴	**mất ngủ** 멋 응우	잠이 안 오다
tô 또	큰 그릇, 사발, 냉면 그릇, 쌀국수 그릇		

주요표현

Anh muốn ăn món ăn Việt Nam hay món ăn Hàn Quốc?
아잉 무온 안 몬 안 비엣 남 하이 몬 안 한 꾸옥
당신은 베트남 음식을 먹고 싶습니까, 한국 음식을 먹고 싶습니까?

Tôi muốn ăn cả hai.
또이 무온 안 까 하이
둘 다 먹고 싶습니다.

Món ăn nào cũng thích.
몬 안 나오 꾸웅 틱
어떤 음식도 좋습니다. (다 좋습니다.)

Tôi muốn ăn món ăn Hàn Quốc.
또이 무온 안 몬 안 한 꾸옥
나는 한국 음식을 먹고 싶습니다.

Cho tôi xem menu.
쪼 또이 쌤 메뉴
메뉴 좀 보여 주세요.

Cho tôi 1 đĩa cơm chiên và lẩu dê.
쪼 또이 못 디아 껌 찌엔 바 러우 제
볶음밥 한 접시와 염소탕을 주세요.

Cho tôi 1 cái lẩu hải sản và 1 tô hủ tiếu.
쪼 또이 못 까이 러우 하이 싼 바 못 또 후 띠에우
해물탕 한 개와 후띠에우 한 그릇 주세요.

Anh ăn sầu riêng được không?
아잉 안 써우 지엥 드억 콩
당신은 두리안을 먹을 수 있습니까?

Tôi không ăn được sầu riêng, hôi quá.
또이 콩 안 드억 써우 지엥 호이 꾸아
나는 두리안은 못 먹어요. 냄새가 너무 심해요.

Tôi ăn được sầu riêng, thơm quá!
또이 안 드억 써우 지엥 텀 꾸아
나는 두리안을 먹을 수 있습니다. 너무 향긋해요!

Xin mời bà ngồi ở đây.
씬 머이 바 응오이 어 더이
여기 앉으십시오.

Xin mời ông ăn!
씬 머이 옹 안
드세요!

Anh nói tiếng Việt được không?
아잉 노이 띠엥 비엣 드억 콩

= Anh nói được tiếng Việt không?
아잉 노이 드억 띠엥 비엣 콩
당신은 베트남어를 할 수 있습니까?

Tôi nói được tiếng Việt. / Tôi nói tiếng Việt được.
또이 노이 드억 띠엥 비엣 또이 노이 띠엥 비엣 드억
나는 베트남어를 할 수 있습니다.

Tôi không nói được tiếng Viêt.
또이 콩 노이 드억 띠엥 비엣
나는 베트남어를 못합니다.

Anh có thể đến đây được không?
아잉 꼬 태 덴 더이 드억 콩
당신은 여기에 올 수 있습니까?

Tôi có thể đến đây được.
또이 꼬 태 덴 더이 드억
나는 갈 수 있습니다.

음식 앞에서 '자, 드세요'하는 표현은 'xin mời + 2인칭 + ăn'을 줄여 간단하게 'mời + 2인칭'을 사용하기도 합니다. Mời anh!, Mời cô!

'동사 + được'은 '~할 수 있다'라는 뜻이며, 동사 뒤에 목적어가 올 경우 바로 동사 뒤에 와도 되고, được 뒤에 위치해도 됩니다.

부정형은 동사 앞에 không을 써 줍니다.

Tip

앞서 배운 조동사 có thể와 함께 사용할 수 있습니다. có thể는 역시 '~할 수 있다'라는 뜻입니다.

주요표현 단어

hay 하이	또는(영어의 or과 같음)	**sầu riêng** 써우 지엥(리엥)	두리안(과일 이름)
cả hai 까 하이	둘 다	**hôi** 호이	냄새가 지독한, 악취가 나는
menu 메뉴	메뉴		
cơm chiên 껌 찌엔	볶음밥(남부에서는 cơm rang이라고 함)	**thơm** 텀	향긋한, 향기가 나는
		bà 바	할머니, 여사님
lẩu hải sản 러우 하이 싼	해산물 전골, 해물탕	**ngồi** 응오이	앉다
hủ tiếu 후 띠에우	후띠에우(베트남식 라면)		

문법이야기

được의 쓰임

베트남어에서 이 được이라는 단어의 쓰임은 매우 중요합니다. 특히 이 được이 동사의 앞에 위치하는지 뒤에 위치하는지에 따라 문법이 완전히 달라지므로 주의해야 합니다.

1. 동사 + được

베트남어는 동사 뒤에 쓰여 보어의 역할을 하는(동사를 보충 설명하는) 단어들이 많습니다. 예를 들면 lại, thử, kỹ, qua 등이 있는데, 이때 được의 쓰임이 바로 보어의 쓰임입니다. được이 동사 뒤에 올 때는 '~할 수 있다'라는 뜻입니다.

    ăn **được**   먹을 수 있다   đọc **được**   읽을 수 있다.

2. được + 동사

được이 동사 앞에 쓰일 때에는 긍정적인 수동태를 나타냅니다. 수동태는 행위의 주체가 주어가 아니고 주어는 그 행위를 받거나 당하는 대상이 되는 표현으로, 긍정적인 수동태로는 무언가를 '얻다, 받다, 승진하다' 등의 표현에 주로 사용합니다.

우리가 2과에서 학습한 Rất vui được gặp anh!이라는 표현이 바로 긍정적인 수동태를 사용한 표현입니다. 'được + 동사'는 '~하게 되다'라고 번역합니다. 곧 '만나게 되어서 기쁘다'라는 뜻입니다.

    Tôi **được** đi Việt Nam. 나는 베트남에 가게 되었다.
    (베트남에 너무 가고 싶었는데 드디어 가게 되었다.)
    Anh ấy **được** nhận học bổng. 그는 장학금을 탔다. (장학금을 타게 되었다.)

   ■ nhận 받다, 얻다   học bổng : 장학금

3. được + 기간(수치)

được 뒤에 기간이나 수치가 나오면 '~이 되었다'라고 번역합니다.

    Tôi đến Việt Nam **được** 3 năm. 내가 베트남에 온 지 3년 되었다.
    Anh ây làm việc ở công ty này chưa **được** 4 tháng.
    그가 이 회사에서 일한 지 아직 4개월이 되지 않았다.
    Năm nay em gái của tôi **được** 8 tuổi. 올해 내 여동생은 8살이 되었다.

1. 다음 ( ) 안에 알맞은 단어를 넣으세요.

1) (   ) tôi một đĩa chả giò.   나에게 짜조 한 접시를 주세요.

2) Anh thích phở gà (   ) phở bò?
당신은 닭고기 쌀국수를 좋아합니까, 아니면 소고기 쌀국수를 좋아합니까?

3) A : Anh nói được tiếng Anh không?
당신은 영어를 할 수 있습니까?

   B : Tôi (   ) nói được tiếng Anh.
나는 영어를 못합니다.

4) (   ) anh ăn nhiều!   많이 드세요!

5) Cho tôi một (   ) trà đá.   짜다 한 잔 주세요.

2. 다음을 해석하세요.

1) Anh không nói được tiếng Việt hả?

2) Cho chúng tôi một đĩa cơm sườn.

3) Anh có muốn ăn gì không?

4) Xin đợi một chút!

3. 다음 단어의 뜻이 알맞지 <u>않게</u> 짝지어진 것을 고르시오.

① cơm chiên : 볶음밥   ② phở gà : 닭고기 쌀국수
③ lẩu dê : 보신탕   ④ khăn giấy : 냅킨

---

note

- chả giò : 짜조, 스프링롤
- phở gà / phở bò : 닭고기 쌀국수 / 소고기 쌀국수
- nhiều : 많은
- trà đá : 짜다(베트남 얼음차)

- hả : 그래요?(문장 끝에서 반문의 어기를 나타냄)
- đĩa : 접시
- cơm sườn : 껌 스온(베트남 요리)
- muốn : 원하다
- đợi : 기다리다
- một chút : 조금

정답

1. 1) Cho   2) hay   3) không   4) Mời   5) ly   **2.** 1) 당신이 베트남어를 못한다고요?   2) 우리에게 껌 쓰온 한 접시를 주세요.   3) 뭐라도 먹고 싶은 것이 있나요?   4) 잠시만 기다리세요!   **3.** ③

주제별 단어

▶ 맛 · 채소 · 식기 · 그릇 종류

ngon 맛있는
응온

cay 맵다
까이

đói 배고프다
도이

no 배부르다
노

tỏi 마늘
또이

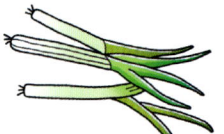
hành 파
하잉(한)

hành tây 양파
하잉 떠이

cà rốt 당근
까 롯

ngọt 응옷 달다

đậm 덤 진하다

mặn 만 짜다

chua 쭈어 시다

nhạt 냣 싱겁다

〈채소〉

dưa chuột 즈어(으어) 쭈옷 오이

khoai lang 코아이 랑 고구마

đậu 더우 콩

ớt 엇 고추

bí 비 호박

xà lách xanh 싸 라익(락) 싸잉(싼) 상추

khoai tây 코아이 떠이 감자

đậu xanh 더우 싸잉(싼) 완두콩

nấm 넘 버섯

cà chua 까 쭈어 토마토

rau bina 자우(라우) 비나 시금치

xà lách đỏ 싸 라익(락) 도 적상추

〈식기, 그릇 종류〉

tô 또 큰 사발, 쌀국수 그릇, 냉면 그릇

đĩa 디아 접시

muỗng / tĩa 무옹 / 티아 숟가락, 수저

dao 자오(야오) 나이프, 칼

bát / chén 밧 / 짼 밥그릇

ly / cốc 리 / 꼭 컵, 잔

đũa 두어 젓가락

nĩa 니아 포크

베트남 요리

　　베트남 요리는 비옥한 땅에서 난 풍부한 식재료와 다양한 기후, 그리고 프랑스 요리의 영향으로 타이, 중국 요리와 함께 아시아 3대 요리로 평가됩니다. 베트남 요리는 쌀과 국수가 주를 이루며 '반미(bánh mì)'라는 베트남식 바게뜨 빵도 매우 유명합니다. 또한 베트남 요리의 가장 큰 특징은 다양한 소스인데 '느억맘(nước mắm)'이라는 생선소스와 간장, 해선장을 주로 곁들여 먹으며 신선한 채소와 허브, 독특한 향신료가 그 특별한 요리의 비결이라고 할 수 있습니다. 우리가 알고 있는 쌀국수는 베트남어로 '퍼(phở)'라고 하는데 고기의 익힘에 따라서 여러 종류가 있고, 고기에 따라 소고기 쌀국수 '퍼버(phở bò)'와 닭고기 쌀국수 '퍼가(phở gà)'가 있습니다. 베트남에서 '퍼'만큼 유명한 것이 '분' 요리인데 이것은 '퍼'보다 조금 가는 면발의 쌀국수라고 보면 됩니다. 중부 후에(Huế) 지역에서 유명한 '분보후에(bún bò Huế)'와 베트남식 비빔국수 '분짜(bún chả)' 등은 베트남 쌀국수 못지않게 정말 맛있답니다.

　　그리고 빠질 수 없는 베트남 요리의 백미 월남쌈은 각 지역마다 아주 독특하게 속을 넣는데, 메콩강 지역에서는 상어고기 월남쌈이 가장 맛있고 귀하다고 합니다. 그밖에도 스프링롤, 베트남식 튀김만두인 '짜조(chả giò)', 해산물 샤브샤브인 '러우하이산(lẩu hải sản)', 우리나라의 보양식인 보신탕처럼 베트남 사람들의 보양식인 염소탕 '러우 제(lẩu dê)' 등 베트남에서 다양한 요리를 하나하나 맛보는 재미도 쏠쏠합니다.

　　무엇보다도 우리에게 반가운 소식은 이러한 다양한 요리들의 가격이 정말 비싸지 않다는 것이죠. 베트남 사람들이 일반적으로 끼니를 때우는 길거리 음식점 '껌 빈 전(cơm bình dân)' 혹은 길가에서 먼지와 함께 먹는다고 하여 붙여진 이름 '껌 부이(cơm bụi)' 등에서는 쌀국수 등 한 끼 식사값이 15,000동~20,000동 내외이니 우리나라 돈으로 700~1,300원 정도 됩니다. 고급 음식점, 전원, 가든 레스토랑에서도 1인당 7만 동에서 8만 동(한화 약 3,700원~4,200원 정도)이면 고급 요리를 맛볼 수가 있어 착한 가격에 맛있는 요리를 맛볼 수 있답니다!

Unit 13

Xin chỉ đường cho tôi.
나에게 길을 알려 주세요.

기본회화 1

Woo-jin : **Xin lỗi, làm ơn cho tôi hỏi một chút!**
씬 로이람 언 쪼 또이호이못 쭛

Tôi muốn đi chợ Bến Thành.
또이 무온 디 쩌 벤 타잉

Xin chỉ đường cho tôi.
씬 찌 드엉 쪼 또이

Người đi đường : **Dạ, chợ Bến Thành từ đây hơi xa.**
자 쩌 벤 타잉 뜨 더이 허이 싸

Anh hãy đi bằng xe tắc xi đi!
아잉 하이 디 방 쌔 딱 씨 디

Woo-jin : **Tôi là người nước ngoài đang học tiếng Việt.**
또이 라 응어이 느억 응오아이 당 혹 띠엥 비엣

Tôi muốn đi bộ để biết đường.
또이 무온 디 보 데 비엣 드엉

우진 : 실례합니다. 말씀 좀 묻겠습니다!
　　　나는 벤탄 시장에 가고 싶은데요.
　　　길을 알려 주세요.
행인 : 네, 벤탄 시장은 여기서 좀 멀어요.
　　　택시를 타고 가세요!
우진 : 나는 베트남어를 공부하는 외국인인데요.
　　　길을 알기 위해 걸어가고 싶어요.

1. làm ơn cho tôi hỏi một chút! 말씀 좀 묻겠습니다!

làm ơn은 '~해 주십시오', '~해 주세요'라는 뜻으로 xin과 비슷하게 문장 앞에 쓰여서 정중한 표현을 나타낼 때 쓰입니다. 'cho+tôi+동사'는 사역 표현으로 '나에게 ~하게 해 달라', 곧 부탁을 나타낼 때 많이 쓰이는 구문으로 '나에게 ~해 주세요'라고 번역합니다.

cho tôi đi 가게 해 주세요   cho tôi hỏi 묻게 해 주세요, 묻겠습니다

2. Xin chỉ đường cho tôi. 길을 알려 주세요.

동사 chỉ는 '가리키다, 지시하다'라는 뜻입니다. chỉ đường은 곧 '길을 알려주다'가 되겠지요. cho가 문장 안에서 동사가 아니라 전치사로 쓰일 때(곧 문장 속에 다른 동사가 앞에 있을 때) 영어의 for와 비슷하게 '~에게, ~를 위해'라고 번역합니다.

3. Anh hãy đi bằng xe tắc xi đi! 택시를 타고 가세요!

bằng은 전치사로 도구, 수단, 방법 앞에 쓰이며 '~으로, ~로'라고 번역합니다. 영어의 by와 비슷합니다. 베트남어에서 교통수단을 말할 때 'đi bằng+교통수단'으로 표현합니다.

4. Tôi là người nước ngoài đang học tiếng Việt. 나는 베트남어를 공부하는 외국인인데요.

이 문장은 절이 단어를 수식하는 관계대명사 구문입니다. 일반적으로 동사 두 개가 연달아 나올 때, 대개 앞의 동사가 본동사이고 뒤의 동사절은 목적어를 수식해 주는 역할을 합니다. 곧, đang học tiếng Việt이라는 동사절이 là의 목적어이자 보어인 người nước ngoài를 수식하여 '베트남어를 공부하는 외국인'이라는 뜻입니다.

새로 나온 단어

hỏi 호이	묻다	**xa** 싸	먼
một chút 못 쭛	조금, 잠시	**bằng** 방	~로, ~으로(도구,
chợ Bến Thành 쩌 벤 타잉(탄)	벤탄 시장(호치민에 유명한 시장 이름)		수단, 방법 앞에 쓰임)
		xe tắc xi 쌔 딱 씨	택시
chỉ 찌	가리키다, 지시하다	**người nước ngoài** 응어이 느억 응오아이	외국인
đường 드엉	길, 거리		
từ đây 뜨 더이	여기에서부터	**đi bộ** 디 보	걸어가다
hơi 허이	약간	**biết** 비엣	알다

Người đi đường : **Anh đi thẳng đường này, đến ngã tư thì rẽ phải.**
아잉 디 탕 드엉 나이 덴 응아 뜨 티 재 파이

Anh cứ đi thẳng khoảng 500 mét,
아잉 끄 디 탕 코앙 남짬 멛

chợ Bến Thành ở bên trái.
쩌 벤 타잉 어 밴 짜이

Woo-jin : **Từ đây đến chợ Bến Thành mất bao lâu?**
뜨 더이 덴 쩌 벤 타잉 먿 바오 러우

Người đi đường : **Khoảng 15 phút đi bộ.**
코앙 므어이람푿 디 보

Woo-jin : **Như vậy thì từ đây đến chợ Bến Thành bao xa?**
니으 버이 티 뜨 더이 덴 쩌 벤 타잉 바오 싸

Người đi đường : **Xin lỗi, tôi không biết.**
씬 로이 또이 콩 비엗

Woo-jin : **Cám ơn chị nhiều!**
깜 언 찌 니에우

Từ đây đến chợ Bến Thành mất bao lâu?

Khoảng 15 phút đi bộ.

행인 : 이 길로 쭉 간 다음 사거리에 도착하면 오른쪽으로 도세요.
　　　(그 다음에) 계속 약 500m 직진하면 벤탄 시장은 왼쪽에 있어요.

우진 : 여기서 벤탄 시장까지 (시간이) 얼마나 걸립니까?

행인 : 걸어서 약 15분이요.

우진 : 여기서 벤탄 시장까지 (거리가) 얼마나 걸립니까?

행인 : 미안하지만 모르겠습니다.

우진 : 정말 감사합니다.

5. Anh đi thẳng đường này, đến ngã tư thì rẽ phải.
이 길로 쭉 간 다음 사거리에 도착하면 오른쪽으로 도세요.

thẳng이라는 단어는 '곧은, 똑바른'이라는 뜻으로 đi thẳng 하면 '곧게 가다', 곧 '직진하다'라는 뜻이 됩니다. đến은 동사로 '오다'라는 뜻 이외에 '도착하다, 이르다'라는 뜻도 있습니다. thì는 조건을 나타내는 단어로 '~하면, ~한다면'이라고 번역합니다. rẽ는 '돌다, 유턴하다'라는 뜻으로 남부지역에서는 quẹo라고 합니다.

> rẽ trái = quẹo trái
> rẽ phải = quẹo phải

6. chợ Bến Thành ở bên trái. 벤탄 시장은 왼쪽에 있어요.

ở는 장소 앞에 쓰이는 전치사로 '~에서'라고 주로 번역하지만, 이 구문에서의 ở는 전치사가 아닌 동사로 '~에 있다'라고 번역합니다.

> Tôi đang ở nhà. 나는 지금 집에 있다.

7. Từ đây đến chợ Bến Thành mất bao lâu?
여기서 벤탄 시장까지 (시간이) 얼마나 걸립니까?

전치사 'từ A đến B'는 'A에서부터 B까지'라는 뜻입니다. 영어의 from A to B와 같다고 생각하면 더욱 쉽지요. mất bao lâu라는 말은 시간이 '얼마나 걸리는가?'라는 표현입니다. 동사 mất은 뜻이 아주 많은데요, '잃어버리다, (사람이) 돌아가시다/죽다, 시간이 걸리다' 등이 있습니다. 이 문장을 암기해 놓으면 쓸 일이 많겠지요?

word 새로 나온 단어

thẳng 탕	곧은, 쭉 뻗은	**bên trái** 벤 짜이	왼쪽
ngã tư 응아 뜨	사거리	**mất** 멋	(시간이) 걸리다
thì 티	~하면, ~한다면(조건문)	**bao lâu** 바오 러우	얼마나
rẽ 재(래)	돌다, 유턴하다		(시간을 나타내는 의문사)
phải 파이	오른	**như vậy thì** 니으 버이 티	그러면, 그렇다면
cứ 끄	계속해서	**bao xa** 바오 싸	얼마나
mét 멧	M(단위)		(거리를 나타내는 의문사)

주요표현

Tôi muốn đi bưu điện thành phố.
또이 무온 디 브우 디엔 타잉 포
나는 중앙우체국을 가고 싶습니다.

Tôi muốn tham quan hồ Hoàn Kiếm.
또이 무온 탐 꾸안 호 호안 끼엠
나는 호안 끼엠 호수를 관광하고 싶습니다.

Anh ơi, xin chỉ đường cho tôi đi nhà thờ Đức Bà.
아잉 어이 씬 찌 드엉 쪼 또이 디 냐 터 득 바
저기요, 호치민 대성당 가는 길을 알려 주세요.

Anh đi bằng gì?
아잉 디 방 지
당신은 무엇을 타고 갑니까?

Tôi đi bằng xe máy [xe xích lô].
또이 디 방 쌔 마이 쌔 씩 로
나는 오토바이[시클로]를 타고 갑니다.

Tôi đến đảo JeJu bằng tàu thủy [máy bay].
또이 덴 다오 제주 방 따우 투이 마이 바이
나는 제주도에 배[비행기]를 타고 왔습니다.

Tôi đi làm bằng tàu điện ngầm [xe buýt].
또이 디 람 방 따우 디엔 응엄 쌔 부잇
나는 지하철[버스]로 출근합니다.

Ở gần đây, có siêu thị không?
어 건 더이 꼬 씨에우 티 콩
이 근처에 슈퍼마켓이 있습니까?

Dạ, ở gần đây, có siêu thị BigC.
자 어 건 더이 꼬 씨에우 티 빅씨
네, 이 근처에 빅씨 슈퍼마켓이 있습니다.

Anh ăn nhiều thì sẽ béo!
아잉 언 니에우 티 쌔 배오
당신 많이 먹으면 살쪄요!

Tip
đảo JeJu에서 đảo는 '섬'이란 뜻으로 '섬 도(島)'입니다.

Tip
tàu điện ngầm 지하철은 곧 '지하에서 ngầm' '전기로 điện' 가는 '기차 tàu'입니다.

Tip
ở gần đây는 '이 근처에'라는 뜻입니다. 시간적 개념으로 '최근에'라고 쓰이기도 합니다.

Đến ngã tư thì anh có thể thấy siêu thị BigC.
덴 응아 뜨 티 아잉 꼬 테 터이 씨에우 티 빅씨
사거리에 도착하면 빅씨 슈퍼마켓이 보일 거예요.

Trường đại học khoa học xã hội và nhân văn ở quận 1.
쯔엉 다이 혹 코아 혹 싸 호이 바 년 반 어 꾸언 못
인문사회과학 대학교는 1군에 있습니다.

Từ đây đến đó có xa không?
뜨 더이 덴 도 꼬 싸 콩
여기서부터 거기까지는 멉니까?

Không xa lắm.
콩 싸 람
그다지 멀지 않아요. (별로 안 멀어요.)

Tip

không ~ lắm은 '별로 ~하지
않다', '그다지 ~하지 않다'라는
뜻입니다.

Từ nhà của anh đến công ty mất bao lâu?
뜨 냐 꾸어 아잉 덴 꽁 띠 멋 바오 러우
당신의 집에서 회사까지는 얼마나 걸립니까? (시간이)

Tip

bao lâu는 시간을 물어볼 때 사
용하고 bao xa는 거리를 물어
볼 때 사용합니다.

Từ công ty của anh đến nhà anh bao xa?
뜨 꽁 띠 꾸어 아잉 덴 냐 아잉 바오 싸
당신의 회사에서 집까지는 얼마나 멉니까? (거리가)

Từ đây đến Hà Nội khoảng 30 km.
뜨 더이 덴 하 노이 코앙 바므어이 낄로멧
여기서 하노이까지는 약 30km입니다.

주요표현 단어

bưu điện thành phố 부으 디엔 타잉(탄) 포	중앙우체국 (호치민 시내에 위치)	**tàu điện ngầm** 따우 디엔 응엄	지하철
tham quan 탐 꾸안	관광하다	**xe buýt** 쌔 부잇	버스
hồ Hoàn Kiếm 호 호안 끼엠	호안 끼엠 호수	**gần** 건	가까운
nhà thờ Đức Bà 냐 터 득 바	호치민 대성당	**siêu thị** 씨에우 티	슈퍼마켓
xe máy 쌔 마이	오토바이	**béo** 배오	뚱뚱한
xe xích lô 쌔 씩 로	시클로	**thấy** 터이	보다
đảo JeJu 다오 제주	제주도	**quận** 꾸언	행정구역 군 (우리나라 구의 개념)
tàu thủy 따우 투이	배(= tàu thuyền)	**bao xa** 바오 싸	얼마나 먼지? (거리를 물어볼 때)
máy bay 마이 바이	비행기		

bao nhiêu, bao lâu 그리고 bao xa

'bao 의문사' 3형제에 관해서 배워 봅시다. bao는 '얼마나'라는 뜻입니다. 이 bao가 형용사와 만나 'bao 의문사'를 만드는데 '얼마나 ~(형용사)하는지'에 따라 세 가지의 의미로 분류할 수 있습니다.

첫번째로 bao nhiêu는 '얼마나'라는 뜻의 bao와 '많은'이라는 뜻을 가진 nhiều가 결합되어 '얼마나 많이'라는 수나 양의 많고 적음을 나타냅니다. 대표적으로 돈, 날짜, 나이를 물어보는 데 사용되지요.

> **Bao nhiêu** tiền? 돈이 얼마입니까?
> Hôm nay là ngày **bao nhiêu**? 오늘은 며칠입니까?
> Năm nay anh **bao nhiêu** tuổi? 올해 당신은 몇 살입니까?

두 번째 bao lâu는 bao와 '오래된'의 뜻을 가진 lâu의 결합으로 '얼마나 오래되었는지', 다시 말해서 시간이나 기간이 '얼마나 오래되었는지'를 물어볼 때 사용합니다. 대표적으로 đã ~ bao lâu rồi와 mất bao lâu 구문이 있습니다.

> Chị đã kết hôn **bao lâu** rồi?
> 당신은 결혼한 지 얼마나 되었나요?
> Từ thành phố Hồ Chí Minh đến Hà Nội mất **bao lâu**?
> 호치민 시에서 하노이까지는 얼마나 걸립니까?

세 번째 bao xa는 bao와 '멀다'라는 뜻의 형용사 xa가 함께 쓰여 '얼마나 거리가 먼지'를 물어볼 때 사용합니다. 대답할 때는 거리이므로 20km, 1m 등 수치로 답해야 합니다. 우리나라 사람들은 서울에서 부산까지의 거리를 잘 묻지 않지만 베트남 사람들은 오히려 수치를 시간보다 즐겨 쓰니 꼭 알아두세요!

> A : Từ nhà anh đến trường đại học kinh tế **bao xa**?
>   당신의 집에서 경제대학교는 얼마나 멉니까? (거리가 얼마입니까?)
> B : Khoảng 1,5km.
>   약 1,5km입니다.

연습문제

1. 다음 ( ) 안에 알맞은 단어를 넣으세요.

1) Tôi muốn đi khách sạn LEX . Xin (　　　) đường cho tôi.
나는 렉스 호텔에 가고 싶습니다. 나에게 길을 알려 주세요.

2) Tôi đi học (　　) xe buýt.
나는 버스 타고 등교합니다.

3) Anh học nhiều (　　) sẽ học giỏi.
공부를 많이 하면 공부를 잘할 거예요.

4) Bệnh viện Chợ Rẫy ở (　　　).
쩌러이 병원은 오른쪽에 있습니다.

note

· khách sạn : 호텔
· đường : 길
· xe buýt : 버스
· giỏi : 잘하다
· bệnh viện : 병원

2. 다음을 해석하세요.

1) Tôi muốn đi bằng xe xích lô.

2) Ở gần đây có ngân hàng quốc tế không?

3) Tôi không biết đường đi đến Diamond Plaza. Xin chỉ
đường cho tôi!

4) Trường đại học ngoại ngữ ở quận 3

· ngân hàng quốc tế :
  국제은행
· không biết : 모르다
· ngoại ngữ : 외국어
· quận : 군(행정구역)

3. 단어의 뜻이 잘못 연결된 것을 고르세요.

① bên phải – 오른쪽　　　　② tàu điện ngầm – 기차

③ chỉ đường – 길을 가리켜 주다　④ gần đây – 근처

정답

1. 1) chỉ　2) bằng　3) thì　4) bên phải　　2. 1) 나는 시클로를 타고 가고 싶습니다.　2) 근처에 국제은
행 있습니까?　3) 나는 다이아몬드 플라자에 가는 길을 모릅니다. 길을 알려 주세요!　4) 외국어 대학교는 3군
에 있다.　3. ②

주제별 단어

▶교통

máy bay 비행기
마이 바이

xe lửa / tàu hỏa 기차
쌔 르어 / 따우 호아

tàu điện ngầm 지하철
따우 디엔 응엄

tắc xi 택시
딱 씨

xe buýt 버스
쌔 부잇

xe tải 트럭
쌔 따이

xe cấp cứu 구급차
쌔 껍 끄우

xe cứu hỏa 소방차
쌔 끄우 호아

máy bay trực thăng 마이 바이 쯕 탕   헬리콥터

xe tốc hành 쌔 똑 하잉(한)   고속버스

xe buýt con thoi 쌔 부잇 껀 터이   셔틀버스

xe hơi / xe ô tô 쌔 허이 / 쌔 오 또   자동차

xe đạp 쌔 답   자전거

xe xích lô 쌔 씨클로   시클로

xe cho thuê 쌔 쪼 투에   렌터카

bến xe 밴 쌔   버스정류장

tàu cao tốc 따우 까오 똑   고속열차

xe buýt du lịch 쌔 부잇 주(유) 릭   관광버스

xe buýt trường học 쌔 부잇 쯔엉 혹   스쿨버스

xe máy 쌔 마이   오토바이

xe ôm 쌔 옴   오토바이 택시, 쌔옴

xe gắn máy 쌔 간 마이   모페드, 모터 달린 자전거

tàu thủy / tàu thuyền 따우 투이 / 따우 투이엔   배

bến xe buýt 벤 쌔 부잇   버스터미널

〈방향전치사〉

trên 쨴   위에

trong 쫑   안에

trước 쯔억   전에, 앞에

đông 동   동

nam 남   남

cạnh 까잉(깐)   옆에

dưới 즈어이(이으어이)   아래

ngoài 응오아이   밖에

sau 싸우   후에, 뒤에

tây 떠이   서

bắc 북   북

giữa 지으어   가운데, 사이에

베트남의 오토바이 택시 '쌔옴'

베트남 거리를 돌아다니다 보면 길가에 오토바이를 세워 두고 아저씨들이 '쌔옴!' 하고 외치는 것을 쉽게 볼 수 있습니다. 이것이 바로 오토바이 택시 '쌔옴(xe ôm)'인데요, 베트남에서는 버스는 거의 노선이 없고 막차 시간도 저녁 7시로 매우 일찍 끊기는데다가 지하철은 이제 호치민에 건설 중이고 베트남 사람들은 모두 개인 오토바이로 이동하기 때문에 외국인들이 이용할 수 있는 교통수단은 택시뿐입니다.

이 쌔옴은 바로 그러한 택시를 대체할 수 있는 아주 편리한 수단입니다. 또한 택시보다 가격이 싸고 흥정을 할 수 있답니다. 먼저 가격을 부르고 흥정을 해서 가격이 정해지면 아저씨들은 여러분의 헬멧을 내어 주는데, 그 이유는 베트남 교통경찰이 매우 까다롭게 헬멧을 착용했는지를 잡아내기 때문이랍니다. 베트남의 교통경찰은 도로 위에서 누구보다도 막강한 권력을 가지고 있지요. 한번 걸리면 신고를 하지 않는 대신 뒷돈을 많이 요구하기도 하니 꼭 주의해야 하겠습니다. 한번은 달리는 버스를 세워 버스기사에게 돈을 요구하는 교통경찰도 보았습니다만…

또한 쌔옴 기사에게 말만 잘하면 교통경찰에게 걸리지 않는 조건 하에서 두 명도 함께 탑승이 가능합니다. 물론 가격도 한 명 가격이지만 위험하니 추천해 드리고 싶진 않습니다. 쌔옴은 베트남 사람들의 삶 아주 깊숙히 파고들어 있는 베트남의 한 부분입니다. 친절하고 심심한(?) 쌔옴 기사님들은 목적지에 갈 때까지 재미있는 이야기를 들려주곤 하는데, 베트남이 좀 적응되신 분들은 택시보다도 쌔옴을 이용하시기를 추천합니다! 또한 몇 번 쌔옴을 이용하다 보면 안면이 익어서 흥정할 걱정 없고 안전을 염려하지 않아도 되니 좋은 점이 많습니다. 그래서 요즘 쌔옴 기사들은 명함을 하나씩 들고 다닙니다. 하지만 쌔옴이 국가적으로 등록된 것이 아니고 쌔옴 사건 사고도 끊이지 않으니 여자 혼자 밤늦게 이용하는 것은 삼가는 것이 좋습니다.

Unit 14

Tỉ giá hôm nay bao nhiêu?
오늘 환율은 얼마입니까?

기본회화 1

(ở ngân hang)
어 응언 항

You-ra :　　　**Xin cho tôi đổi tiền, tôi có đô-la.**
　　　　　　　씬 쪼 또이 도이 띠엔 또이 꼬 돌라

Nhân viên :　　**Cô muốn đổi bao nhiêu tiền?**
ngân hang　　　꼬 무온 도이 바오 니에우 띠엔

You-ra :　　　**Tôi muốn đổi 300 đô-la. Tỉ giá hôm nay bao nhiêu?**
　　　　　　　또이 무온 도이 바 짬 돌라 띠 지아 홈 나이 바오 니에우

Nhân viên :　　**Hôm nay 1 đô-la ăn 20,000 đồng, xin đợi một**
ngân hang　　　홈 나이 못 돌라 안 하이 므어이 응인 동 씬 더이 못

　　　　　　　chút! (một lát nữa) Đây là 6 triệu đồng của cô.
　　　　　　　쭛 못 랏 느어 더이 라 싸우 찌에우 동 꾸어 꼬

You-ra :　　　**Cám ơn nhiều!**
　　　　　　　깜 언 니에우

ở ngân hang

(은행에서)

유라 : 환전해 주세요. 나는 달러를 가지고 있어요.

은행 직원 : 얼마나 환전하고 싶으세요?

유라 : 300달러를 환전하고 싶습니다. 오늘 환율이 얼마입니까?

은행 직원 : 오늘 환율은 1달러에 2만 동입니다. 잠시 기다려 주세요.

　(잠시 후에) 여기 600만 동이 있습니다.

유라 : 감사합니다.

1. tôi có đô-la.　나는 달러를 가지고 있어요.

đô-la는 '달러'라는 말의 베트남식 발음입니다. 베트남에서는 주로 달러와 유로화로 환전합니다. 베트남에서 한국 돈을 바로 환전하는 곳은 없으니 달러를 미리 환전해 가야 합니다. 유로화는 영어 발음 그대로 euro라고 쓰지만 읽는 발음은 베트남식으로 '애로'라고 읽습니다.

2. Tỉ giá hôm nay bao nhiêu?　오늘 환율이 얼마입니까?

tỉ giá와 hôm nay라는 단어 사이에 của가 생략된 표현입니다. 환율에 대해 물어볼 때에는 몇 가지 다양한 표현이 있습니다. 어떻게 물어보든 뜻은 다 비슷합니다.

　Tỉ giá hối đoái(= tỉ giá) hôm nay bao nhiêu?　오늘 환율은 얼마입니까?

　Hôm nay một đô la ăn bao nhiêu tiền?　오늘 1달러가 얼마를 먹습니까?(바꿉니까?)

　Hôm nay một đô la đổi bao nhiêu tiền?　오늘 1달러에 얼마를 바꿉니까?

　Tỉ giá hôm nay thế nào?　오늘 환율은 어떻습니까?

3. Hôm nay 1 đô-la ăn 20,000 đồng.　오늘 환율은 1달러에 2만 동입니다.

1달러가 20,000동을 '먹는다', 곧 '맞먹는다'라는 뜻으로 '1달러에 20,000동이다'라는 뜻입니다. 여기서 ăn 대신 동사 đổi를 써도 됩니다.

4. Đây là 6 triệu đồng của cô.　여기 600만 동이 있습니다.

triệu는 백만 동이라는 뜻입니다. 즉, 1triệu는 백만, 2triệu는 2백만, 10triệu는 천만입니다. 그렇다면 백만 이상의 숫자를 한 번 읽어 볼까요?

　2,359,000 : hai triệu ba trăm năm mươi chín nghìn(ngàn).
　　　　　　 하이 찌에우 바 짬　남　 므어이 찐　 응인(응안)

　14,682,348 : mười bốn triệu sáu trăm tám mươi hai nghìn(ngàn) ba trăm bốn mươi tám.
　　　　　　 므어이 본　찌에우 싸 짬　 땀　므어이 하이 응인(응안)　바 짬　본　 므어이 땀

word 새로 나온 단어

đổi tiền 도이 띠엔	환전하다	**đợi** 더이	기다리다
đô-la 돌라	달러	**một chút** 못 쭛	잠시, 조금
tỉ giá 띠 지아	환율	**đây** 더이	이것, 이분, 여기
ăn 안	먹는다, 맞먹는다	**triệu** 찌에우	백만

(ở công ty du lịch)
어 꽁 띠 주 리익

You-ra : **Tôi muốn đặt tua ngày mai đi Huế.**
또이 무온 닷 뚜어 응아이 마이 디 후에

Nhân viên : **Dạ, tua tham quan Huế và Hội An từ ngày 20 đến**
자 뚜어 탐 꾸안 후에 바 호이 안 뜨 응아이 하이 므어이 덴

ngày 25, có đúng không?
응아이 하이므어이람 꼬 둥 콩

You-ra : **Đúng, tua này có khách sạn không?**
둥 뚜어 나이 꼬 카익 싼 콩

Nhân viên : **Dạ, có. Có khách sạn bình dân.**
자 꼬 꼬 카익 싼 빈 전

You-ra : **Xe buýt xuất phát lúc mấy giờ?**
쌔 부잇 쑤엇 팟 룩 머이 져

Nhân viên : **Lúc 8 giờ sáng.**
룩 땀 져 상

ở công ty di lịch

Xe buýt xuất phát lúc mấy giờ?

Lúc 8 giờ sang.

해석

(여행사에서)

유라 : 내일 후에로 가는 투어를 예약하고 싶습니다.

직원 : 네, 20일부터 25일까지 후에와 호이인을 관광하는 투어 맞니요?

유라 : 맞습니다. 투어에 호텔이 포함되어 있나요?

직원 : 네, 일반 호텔이 포함되어 있습니다.

유라 : 버스는 몇 시에 출발하죠?

직원 : 아침 8시요.

5. Tôi muốn đặt tua ngày mai đi Huế. 내일 후에로 가는 투어를 예약하고 싶습니다.

đặt은 원래 동사로 '놓다, 두다'라는 뜻인데 '미리 찜하다', 곧 '예약하다'라는 뜻도 가지고 있습니다. 투어, 호텔, 방, 티켓 등을 예약할 때 사용합니다. đặt tua는 '투어를 예약하다', đặt khách sạn은 '호텔을 예약하다', đặt phòng은 '방을 예약하다', đặt vé는 '티켓을 예약하다'입니다.

6. Dạ, tua tham quan Huế và Hội An từ ngày 20 đến ngày 25, có đúng không? 네, 20일부터 25일까지 후에와 호이안을 관광하는 투어 맞나요?

문장이 길게 느껴져 번역이 조금 까다로울 수 있지만 뒤에서부터 번역해 주면 됩니다. từ ngày 20 đến ngày 25는 '20일부터 25일까지', Huế và Hội An는 '후에와 호이안을', tham quan은 '관광하는', tua는 '투어'라고 번역하면 됩니다. có đúng không?은 'có+형용사+không 의문문' 형식입니다. '~합니까?', 곧 '맞습니까?'라는 뜻이지요.

7. Đúng, tua này có khách sạn không? 맞습니다, 투어에 호텔이 포함되어 있나요?

'투어에 호텔이 포함되어 있습니까?'라는 말입니다. 물론 '포함되다'라는 뜻의 동사 bao gồm을 사용해 tua này có bao gồm khách sạn không?이라고 해도 됩니다.

8. Có khách sạn bình dân. 일반 호텔이 포함되어 있습니다.

베트남 호텔에는 가격에 따라 두 가지 종류가 있는데, 바로 khách sạn bình dân이라는 일반 호텔과 khách sạn sang trọng이라는 고급 호텔입니다.

word 새로 나온 단어

công ty du lịch 꽁 띠 주(유) 릭	여행사	**Hội An** 호이 안	호이안(베트남 중부도시, 옛 항구로 유명)
đặt 닷	예약하다	**đúng** 둥	옳은, 맞은
tua 뚜어	투어	**này** 나이	이(지시형용사)
từ A đến B 뜨 덴	A에서부터 B까지	**bình dân** 빈 전(연)	일반적인, 서민적인 (↔ sang trọng)
Huế 후에	후에(베트남의 중부에 있는 역사 도시, 옛 수도)	**xuất phát** 쑤엇 팟	출발하다 (= khởi hành / ra khởi)

주요표현

Xin cho tôi đổi tiền Việt Nam.
씬 쪼 또이 도이 띠엔 비엣 남
베트남 돈으로 환전해 주세요.

Tỉ giá hôm nay thế nào?
띠 지아 홈 나이 테 나오
오늘 환율은 어때요?

Một đô-la đổi 21,000 đồng.
못 돌라 도이 하이므어이못응인(응안) 동
1달러에 2만 1천 동입니다.

Tôi muốn đổi tiền Hàn Quốc sang tiền Việt Nam.
또이 무온 도이 띠엔 한 꾸옥 상 띠엔 비엣 남
나는 한국 돈을 베트남 돈으로 바꾸고 싶습니다.

Tip
đổi A sang B는 'A를 B로 바꾸다', '교환하다'라는 뜻입니다.

Xin lỗi, ở đây không thể đổi được.
씬 로이 어 더이 콩 테 도이 드억
죄송합니다만, 여기서는 환전할 수 없습니다.

Ở đây chỉ đổi được đô-la và Euro thôi.
어 더이 찌 도이 드억 돌라 바 어로 토이
여기는 달러와 유로화밖에 환전이 안 됩니다.

Tip
베트남 금은방 환전소에서 간혹 가다 한국 돈을 환전할 수 있지만 일반적으로는 달러로 환전합니다.

Tôi muốn đặt vé xe buýt đi Nha Trang vào ngày 5 tháng 4.
또이 무온 닷 배 쌔 부잇 디 냐 짱 바오 응아이 남 탕 본(뜨)
나는 4월 5일 냐짱으로 가는 버스표를 예약하고 싶습니다.

Cho tôi đặt tua đi vịnh Hạ Long.
쪼 또이 닷 뚜어 디 빙 하 롱
하롱베이로 가는 투어를 예약해 주세요.

Cho tôi đi đường Phạm ngũ lão[Đề thám].
쪼 또이 디 드엉 팜 응우 라오 데 탐
팜응우라오[데탐] 거리로 가 주세요.

Tip
팜응우라오 거리는 데탐 거리와 함께 베트남 호치민의 대표적인 여행자 거리로 각종 여행사와 항공사, 호텔들이 즐비해 있습니다.

Tua này có bao gồm khách sạn và bữa cơm không?
뚜어 나이 꼬 바오 곰 카익 싼 바 브어 껌 콩
이 투어에 호텔과 식사가 포함되어 있나요?

Dạ, đã bao gồm hướng dẫn viên nữa.
자 다 바오 곰 흐엉 전 비엔 느어
네, 가이드 또한 포함되어 있습니다.

Tua của ngày mai tôi lên xe ở đâu?
뚜어 꾸어 응아이 마이 또이 렌 쌔 어 더우
내일 투어는 버스를 어디서 탑니까?

Xin cho tôi biết số điện thoại của khách sạn Sài Gòn.
씬 쪼 또이 비엣 쏘 디엔 토아이 꾸어 카익 싼 싸이 공
나에게 사이공 호텔의 전화번호를 좀 알려 주세요.

Cho tôi một vé đi Nha Trang.
쪼 또이 못 배 디 냐 짱
냐짱 가는 표를 한 장 주세요.

Tip

sang은 '가다'라는 뜻으로 đi와 같은 뜻인데 비교적 멀리 갈 때 사용합니다.

Tôi muốn đặt vé máy bay sang Hàn Quốc vào tháng sau.
또이 무온 닷 배 마이 바이 상 한 꾸옥 바오 탕 싸우
나는 다음 달에 한국에 가는 비행기표를 예약하고 싶습니다.

Cô muốn vé một chiều hay vé khứ hồi?
꼬 무온 배 못 찌에우 하이 배 크 호이
편도를 원하십니까, 왕복을 원하십니까?

Tôi muốn vé khứ hồi trong thời gian 1 tháng.
또이 무온 배 크 호이 쫑 터이 지안 못 탕
1달 기간에 왕복표를 원합니다.

---

word power 주요표현 단어

sang 상	가다	**hướng dẫn viên** 흐엉 전(연) 비엔	가이드, 안내원
không thể 콩 테	~할 수 없다	**số điện thoại** 쏘 디엔 토아이	전화번호
	(không thể+동사)	**bữa cơm** 브어 껌	식사
vé xe buýt 배 쌔 부잇	버스표	**tháng sau** 탕 싸우	다음 달
vịnh Hạ Long 빙 하 롱	하롱베이	**vé một chiều** 배 못 찌에우	편도표
bao gồm 바오 곰	포함하다	**vé khứ hồi** 배 크 호이	왕복표
khách sạn 카익(칵) 싼	호텔	**thời gian** 터이 지안	시간

문법이야기

베트남어의 번역하기 어려운 문장 구조

베트남어는 영어처럼 형태표지가 발달하지 않았기 때문에 단어만 보고서는 이것이 동사인지 형용사인지 부사인지 분간하기가 쉽지 않습니다. 특히 문장이 길어지면 번역하기가 여간 까다로운 것이 아니지요. 이번 과에서는 관계대명사가 생략된 수식어구가 길어진 문장을 쉽게 번역하는 것에 대해서 배워 보고자 합니다.

예를 들면 '나는 당신이 어제 예약한 호텔의 이름을 알고 싶어요.'와 같은 문장에서, 목적어는 '당신이 어제 예약한 호텔의 이름'으로 매우 깁니다. 베트남어의 기본 어순이 '주어+동사+목적어' 순이므로 일단 주어는 '나', 동사는 '알고 싶다'가 되겠지요. 이 문장을 베트남어로 보면 다음과 같습니다.

> Tôi muốn biết tên của khách sạn anh đã đặt phòng vào hôm qua.

문장이 매우 길어서 번역하기가 어렵게 느껴집니다. 하지만 알고 보면 실제로 그렇게 어렵지 않습니다. 주요 동사와 주어만 찾아 준다면 나머지는 목적어를 수식하는 수식어구이기 때문이죠.

주요 동사는 바로 '알고 싶다' 곧 muốn biết이고 주어는 주요동사 앞에 위치한 단어 Tôi입니다. 그렇다면 목적어는 곧 tên của khách sạn anh đã đặt phòng vào hôm qua가 됩니다. 여기서 알고 싶은 것이 '이름'이기 때문에 tên을 제외한 모든 단어들은 수식어구가 되지요. 이 수식어구를 찾았다면 무조건 뒤에서부터 번역해 주면 됩니다. '어제 방을 예약했던 호텔의 (이름)'가 되겠네요.

자, 베트남어는 뒤에서부터 번역을 해 주어야 하기 때문에 동시통역하기가 여간 힘들지 않겠죠? 하지만 많이 듣다 보면 이러한 문장구조가 매우 쉽게 느껴진답니다!

다음 예문들도 번역해 보세요!

Anh ấy thích uống cà phê bạn anh ấy mua cho mình.

Chị ấy làm việc ở công ty chồng chị ấy đang làm việc.

답) 1. 그는 그의 친구가 사 준 커피를 마시는 것을 좋아한다.

2. 그녀는 그녀의 남편이 현재 일하고 있는 회사에서 일한다.

note

- tiền : 돈
- ăn : 먹다
- tua : 투어
- sông : 강
- xe buýt : 버스

1. 다음 ( ) 안에 알맞은 단어를 넣으세요.

1) Xin cho tôi (　　　) tiền.　　　　나에게 환전해 주세요.

2) Anh có đô-la (　　) Euro.
   당신은 달러가 있습니까, 유로화가 있습니까?

3) A : (　　　) hôm nay bao nhiêu?　오늘의 환율은 얼마입니까?
   B : 1 đô- la ăn 20.500 đồng.　　1달러에 2만 5백 동입니다.

4) Tôi muốn (　　) tua đi tham quan sông Mekong.
   나는 메콩강을 관광하는 투어를 예약하고 싶어요.

5) Xe buýt (　　　) lúc mấy giờ?　버스는 몇 시에 출발하나요?

2. 다음을 해석하세요.

1) Cho tôi một vé đi Đà Lạt.

2) Anh muốn mua vé khứ hồi hay một chiều?

3) Tua này bao gồm 3 bữa cơm và khách sạn.

4) Anh ấy đã mua máy vi tính tôi đã sử dụng.

- Đà Lạt : 달랏(베트남 중
  부의 휴양도시)
- vé khứ hồi : 왕복표
- vé một chiều : 편도표
- bữa cơm : 식사
- bao gồm : 포함하다
- sử dụng : 사용하다
- máy vi tính : 컴퓨터

3. 단어의 뜻이 잘못 연결된 것을 고르세요.

① bán – 팔다　　　　　　② tua – 투어

③ hướng dẫn viên – 통역원　　④ bữa cơm – 식사, 끼니

정답

1. 1) đổi　2) hay　3) Tỉ giá　4) đặt　5) xuất phát　**2.** 1) 달랏 가는 표 하나 주세요.　2) 왕복표를 원하십니까, 편도표를 원하십니까?　3) 이 투어는 3끼 식사와 호텔이 포함되어 있습니다.　4) 그는 내가 사용했던 컴퓨터를 샀다.　**3.** ③

▶ 감정을 나타내는 단어

hạnh phúc 행복한
하잉(한) 푹

kỳ diệu 놀라운
끼 지에우(이에우)

vui 즐거운
부이

tức giận 화가 난
뜩 지언(이언)

buồn 슬픈
부온

tự hào 자랑스러운
뜨 하오

thất vọng 실망한
텃 봉

sung súng 기쁜
쑹 쑹

tình cảm 띵 깜 느낌, 감정	**yêu** 이에우 사랑하다
thích 틱 좋아하다	**đáng yêu** 당 이에우 사랑스러운
vui mừng 부이 믕 즐거운	**tốt** 똣 좋은
dễ thương 재(애) 트엉 귀여운	**đẹp** 댑 아름다운
hấp dẫn 헙 전(연) 매력적인	**kích thích** 끽 틱 흥분한
kinh ngạc 낑 응악 경악한, 놀랜	**xấu** 써우 나쁜
bất hạnh 벗 하잉(한) 불행한	**khóc** 콕 울다
cười 끄어이 웃다	**kinh khủng** 낑 쿵 끔찍한, 오싹한
tiếc 띠엑 유감인, 미안한	**đáng ghê tởm** 당 게 떰 역겨운
ghê tởm 게 떰 징그러운	**ghét** 겟 미워하다, 싫어하다
trầm uất 쩜 우엇 침울한	**khốn khổ** 콘 코 비참한
xấu dạng 써우 장(양) 못생긴, 추한	**lo lắng** 로 랑 걱정스러운
cô đơn 꼬 던 외로운	**buồn râu** 부언 저우(러우) 침통한
u uất 우 우엇 우울한	**đau khổ** 다우 코 참담한
sợ hãi 써 하이 공포스러운	

베트남 중부도시 고도 '후에'

베트남의 역사를 체험하고 싶다면 베트남 중부에 위치한 후에로 오세요! 고도 후에, 곧 옛 도읍지, 옛 수도 후에라는 뜻입니다. 후에는 베트남 마지막 응우옌 왕조(1802~1945)의 수도로 현재 황궁과 황릉이 잘 보존되어 있어 베트남의 역사를 만끽할 수 있답니다. 후에시를 관통하여 흐르는 흐엉강(香)이 신시가지와 구시가지로 나누는데 흐엉강 북쪽지역인 구시가지에 대부분의 유적이 자리합니다.

가장 뛰어난 관광지이자 볼거리는 황궁으로서 인근에 황제가 머물던 궁과 묘가 있습니다. 응우옌 왕조의 황제는 성 안에서 머물렀는데, 이는 성벽으로 둘러싸인 거대한 공간이었고 바로 금지된 도시로 오직 황제들과 첩들 그리고 측근들만이 접근할 수 있었습니다. 함부로 들어갔다가는 사형을 당하였다고 하네요. 하지만 안타깝게도 후에의 역사 관광지로서 유지하기 위하여 재건축의 노력이 진행되고 있으나 오늘날 금지된 영역은 거의 남아 있지 않다고 합니다. 성벽으로 둘러싸인 구시가지는 전통을 간직한 채 예전의 모습을 그대로 간직하고 있으며 1993년에 유네스코 세계문화유산으로 지정되었습니다. 흐엉강 이남쪽의 신시가지는 현재 개발이 진행되고 있는 뉴타운으로 거주지와 비즈니스 중심입니다.

흐엉강을 따라서, 후에의 남쪽 외곽에 민망 황제, 뜨득 황제, 카이딘 황제 등의 황릉들을 포함한 수많은 유적들이 위치하고 있습니다. 그중에서 카이딘 황릉은 응우옌 왕조의 마지막

황릉으로 1931년 완성되었고 베트남과 유럽의 건축양식이 섞인 특이한 구조의 황릉입니다. 베트남에서 유럽의 영향을 잘 찾아볼 수 있는 건축물이지요. 콘크리트 석상에도 유럽인의 모습과 유사하다고 합니다.

Trong phòng có máy lạnh không?
방안에 에어컨이 있습니까?

기본회화 1

Nhân viên tiếp tân : **Xin chào! Xin mời anh vào!**
씬   짜오   씬   머이   아잉   바오

Jin-ho : **Chào cô, tôi muốn thuê một phòng đơn.**
짜오   꼬   또이 무온   투에   못   퐁   던

Nhân viên tiếp tân : **Dạ, anh đã đặt phòng chưa ạ?**
자   아잉   다 닷   퐁   쯔어   아

Jin-ho : **Chưa, cô có phòng không?**
쯔어   꼬 꼬 퐁   콩

Nhân viên tiếp tân : **Dạ có. Cho tôi xem hộ chiếu.**
자 꼬   쪼   또이 쌤   호   찌에우

Jin-ho : **Trong phòng có máy lạnh không?**
쫑   퐁   꼬 마이   라잉   콩

Nhân viên tiếp tân : **Dạ, trong phòng không những có máy lạnh mà còn**
자   쫑   퐁   콩   니응   꼬 마이   라잉   마   꼰

có máy vi tính nữa.
꼬 마이   비 띵   느어

Xin chào! Xin mời anh vào!

Chào cô, tôi muốn thuê một phòng đơn.

호텔 직원 : 안녕하세요! 어서 오세요!

진호 : 안녕하세요, 1인실을 좀 빌리고 싶은데요.

호텔 직원 : 네, 예약하셨습니까?

진호 : 아니요, 방이 있나요?

호텔 직원 : 네, 있습니다. 여권을 보여 주세요.

진호 : 방안에 에어컨이 있습니까?

호텔 직원 : 네, 방안에 에어컨이 있을 뿐만 아니라
컴퓨터도 있습니다.

기본회화 해설

1. Xin mời anh vào! 어서 오세요!

'mời+2인칭+동사'는 매우 정중한 부탁이나 요청할 때 사용하는 표현으로 '~해 주십시오'라고 번역합니다. 물론 앞에 xin을 붙여 준다면 역시 매우 정중한 표현이 되겠지요. 공적인 상황, 예를 들면 서비스업에 종사하는 분들이나 어떤 프로그램을 진행할 때 많이 쓰이는 구문입니다.

　Xin mời các anh chị ngồi! 여러분, 착석해 주십시오!

2. Chào cô, tôi muốn thuê một phòng đơn. 안녕하세요, 1인실을 좀 빌리고 싶은데요.

phòng đơn에서 đơn이라는 단어는 1을 나타냅니다. 그래서 phòng đơn은 1인실 싱글룸이라고 하며, 2인실 더블룸은 phòng đôi라고 하는데, 여기서 đôi는 세트를 나타내는 종별사로도 쓰였습니다. 숫자 2를 나타냅니다.

3. Trong phòng có máy lạnh không? 방안에 에어컨이 있습니까?

이 문장에서는 trong phòng '방안에'가 주어입니다. 베트남어에서는 위치를 나타내는 전치사(trong 안에, trên 위에, trước 앞에 등)구가 주어로 번역되는 경우가 많습니다.

　Trên đường có nhiều xe máy. 길에 오토바이가 많다.

4. trong phòng không những có máy lạnh mà còn có máy vi tính nữa. 방안에 에어컨이 있을 뿐만 아니라 컴퓨터도 있습니다.

không những A mà còn B nữa 구문입니다. 'A할 뿐만 아니라 B하기까지 하다'라는 강조구문이지요. A와 B의 자리에는 주로 동사구와 형용사가 들어갑니다. 영어의 'not only A but also B' 구문과 비슷하다고 보면 됩니다.

　Quyển sách tiếng Việt này không những dễ mà còn hay nữa.
　이 베트남어 책은 쉬울 뿐만 아니라 재미있기까지 하다.

새로 나온 단어

vào 바오	들어오다	**máy lạnh** 마이 라잉(란)	에어컨
thuê 투에	빌리다	**máy vi tính** 마이 비 띵	컴퓨터
phòng đơn 퐁 던	1인실	**nữa** 느어	~도, ~더(문장 끝에 쓰여 첨가의 의미를 나타냄)
đặt phòng 닷 퐁	방을 예약하다		
hộ chiếu 호 찌에우	여권		

Jin-ho : **Máy vi tính đó sử dụng được internet không?**
마이 비 띵 도 쓰 중 드억 인터넷 콩

Nhân viên : **Tất nhiên! Hơn nữa miễn phí ạ.**
tiếp tân 떳 니엔 헌 느어 미엔 피 아

Jin-ho : **Cám ơn. Tôi định ở lại trong 3 ngày.**
깜 언 또이 딩 어 라이 쫑 바 응아이

Nhân viên : **Dạ một ngày 30 đô-la.**
tiếp tân 자 못 응아이 바므어이 돌라

Anh trả bằng đô-la hay đồng Việt Nam?
아잉 짜 방 돌라 하이 동 비엣 남

Jin-ho : **Tôi hết đô-la rồi. Bằng đồng Việt Nam.**
또이 헷 돌라 조이 방 동 비엣 남

Nhân viên : **Khách sạn chúng tôi có tua đặc biệt. Nếu anh muốn**
tiếp tân 카익 싼 쭝 또이 꼬 뚜어 닥 비엣 네우 아잉 무온

tham gia thì xin mời ghi vào tờ giấy này.
탐 지아 티 씬 머이 기 바오 떠 지어이 나이

Jin-ho : **À, không sao. Tôi thích tự do.**
아 콩 싸오 또이 틱 뜨 조

진호 : 그 컴퓨터는 인터넷이 되나요?
호텔 직원 : 물론이죠! 게다가 무료입니다.
진호 : 감사합니다. 저는 3일 머무를 예정입니다.
호텔 직원 : 네, 하루에 30달러입니다.
　　　　딜러로 계산하시겠습니까, 아니면 베드남 동으로 계산하시겠습니끼?
진호 : 달러를 다 써 버렸네요. 베트남 동으로요.
호텔 직원 : 우리 호텔에서는 특별한 투어 서비스를 제공하고 있습니다.
　　　　만약 참가하기 원하시면 이 서류를 작성해 주시면 됩니다.
진호 : 아, 괜찮습니다. 자유로운 것을 좋아해서요.

5. Tôi định ở lại trong 3 ngày. 저는 3일 머무를 예정입니다.

định은 예정된 미래, 계획된 미래를 나타내는 시제사로 '~할 계획이다'라고 번역합니다. ở lại는 '머무르다, 지내다'라는 뜻으로 lại를 생략하고 ở만 써도 무방합니다. '~안에'라는 뜻을 가진 위치를 나타내는 전치사 trong이 기간 및 시간 앞에 올 때는 그 기간 '동안'이라는 뜻입니다.

6. Anh trả bằng đô-la hay đồng Việt Nam?
달러로 계산하시겠습니까, 아니면 베트남 동으로 계산하시겠습니까?

bằng은 수단, 도구, 방법을 나타내는 명사 앞에 쓰여서 '~로, ~으로'로 번역되는 전치사입니다. 뒤에 달러(đô-la)라는 지불 수단이 와서 '달러로 지불하다'라고 번역합니다. hay는 선택의문문을 만드는 접속사로 'A hay B'라고 하면 'A 또는/혹은 B'라는 뜻입니다.

7. Tôi hết đô-la rồi. 달러를 다 써 버렸네요.

'hết ~ rồi' 구문은 무엇인가가 소진되고 다 써서 하나도 남은 것이 없을 때 씁니다. ~ 자리에는 보통 명사가 들어가지요.

    Hết tiền rồi. 돈을 다 썼다.   Hết nước rồi. 물이 다 떨어졌어요.

8. Nếu anh muốn tham gia thì xin mời ghi vào tờ giấy này.
만약 참가하기 원하시면 이 서류를 작성해 주시면 됩니다.

'nếu A thì B' 형식의 구문입니다. '만약에 A한다면 B한다'라는 가정법 조건 구문이지요. A나 B에는 단어 하나만 들어가는 것이 아니라 구나 절이 주로 들어갑니다. 이러한 구문이 복잡해 보여도 A따로 B따로 찾아 번역하여 연결하면 어렵지 않습니다.

Nếu em muốn đi chơi thì hãy đi chơi đi!   (만약에) A한다면 B한다
    A(네가 놀러가고 싶다)   B(놀러가거라!)
                                 → 만약 네가 놀러가고 싶다면 놀러가거라!

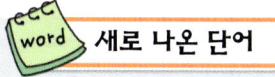 새로 나온 단어

sử dụng	쓰 중(융)	사용하다	hết ~ rồi 헷 조이(로이)	~가 다 떨어지다, 소진되다
Tất nhiên	떳 니엔	물론이다, 당연하다(강한 긍정)	tua đặc biệt 뚜어 닥 비엣	스페셜 투어
hơn nữa	헌 느어	게다가, 또한	tham gia 탐 지아	참가하다
định	딩	~할 예정이다(시제사)	ghi vào 기 바오	기입하다
ở lại	어 라이	머무르다	tờ giấy 떠 지어이	서류
trả	짜	지불하다	tự do 뜨 조(요)	자유

(ở tắc xi 어 딱 시   택시에서)

Anh ơi, tôi muốn đi đến khách sạn REX.
아잉 어이 또이 무온   디 덴 카익 싼 렉스
저기요, 나는 렉스 호텔까지 가고 싶습니다.

Ở gần đây, có khách sạn nào vừa phải không?
어 건 더이 꼬 카익 싼 나오 브어 파이 콩
이 근처에 괜찮은 호텔 있나요?

Tôi muốn ở lại khách sạn bình dân [sang trọng].
또이 무온 어 라이 카익 싼 빈 전 상 쫑
나는 일반 호텔[고급 호텔]에서 머무르고 싶습니다.

Tip

đôi는 숫자 2를 나타냅니다.

Tôi muốn thuê một phòng đôi.
또이 무온 투에 못 퐁   도이
나는 2인실 한 개를 빌리고 싶습니다.

Trong phòng có cửa sổ không?
쫑   퐁   꼬 끄어 쏘 콩
방에 창문이 있나요?

Trong phòng có nước uống không?
쫑   퐁   꼬 느억 우옹 콩
방에 마실 수 있는 물이 있나요?

Tôi có thể sử dụng nước nóng không?
또이 꼬 테 쓰 중   느억 농 콩
온수를 사용할 수 있나요?

Cho tôi đánh thức lúc 8 giờ sáng mai.
쪼 또이 다잉 특 룩 땀져 상   마이
내일 아침 8시에 모닝콜을 해 주세요.

Tip

đi du lịch ở Việt Nam 전체가 다 수어가 됩니다. '베트남에 여행가는 것'이라고 번역합니다.

Đi du lịch ở Việt Nam không những rẻ mà còn thú vị nữa.
디 주 릭 어 비엣 남 콩   니응 재 마 꼰 투 비 느어
베트님으로 여행기는 것은 쌀 뿐만 아니라 재미있기까지 하다.

Học tiếng Việt không những hay mà còn dễ nữa.
혹   띠엥 비엣 콩   니응   하이 마 꼰 제 느어
베트남어를 공부하는 것은 재미있을 뿐만 아니라 쉽기까지 하다.

Anh muốn trả bằng gì?
아잉 무온 짜 방 지
당신은 무엇으로 계산하고 싶습니까?

Tôi muốn trả tiền bằng đô-la.
또이 무온 짜 띠엔 방 돌라
나는 달러로 계산하고 싶습니다.

Xin lỗi chúng tôi hết vé rồi.
씬 로이 쭝 또이 헷 배 조이
죄송합니다만 티켓이 모두 매진되었습니다.

Hết phòng đơn rồi, chỉ phòng đôi thôi.
헷 퐁 던 조이 찌 퐁 도이 토이
1인실은 다 떨어졌고 2인실만 있습니다.

Tip

trước이 문장 뒷부분에 쓰일 때는 부사로 '미리, 이전에'라고 번역합니다.

Nếu anh muốn đi du lịch Việt Nam thì anh hãy đổi tiền đô-la
네우 아잉 무온 디 주 릭 비엣 남 티 아잉 하이 도이 띠엔 돌라
trước đi!
쯔억 디
만일 베트남으로 여행가고 싶다면 미리 달러로 환전하세요!

Nếu hôm nay trời đẹp thì tôi sẽ đi chơi.
네우 홈 나이 쩌이 댑 티 또이 쌔 디 쩌이
만약 오늘 날씨가 좋다면 나는 놀러갈 것이다.

주요표현 단어

đến 덴	~까지	**đánh thức** 다잉(단) 특	깨우다
gần đây 건 더이	근처, 가까운 곳, 최근에	**rẻ** 재(래)	싸다, 싼
vừa phải 브어 파이	적합한	**thú vị** 투 비	재미있는, 즐거운
ở lại 어 라이	머무르다	**dễ** 제(예)	쉬운, 쉽다
bình dân 빈 전(연)	일반적인, 서민적인	**vé** 배	표, 티켓
sang trọng 상 쫑	고급의, 사치스러운	**trước** 쯔억	미리, 먼저
cửa sổ 끄어 쏘	창문	**trời đẹp** 쩌이 댑	날씨가 좋은
nước uống 느억 우옹	마실 물	**đi chơi** 디 쩌이	놀러가다
nước nóng 느억 농	온수, 따뜻한 물		

문법이야기

베트남어의 구문

베트남어를 공부하다 보면 'không những A mà còn B', 'nếu A thì B' 등등과 같은 구문들을 자주 볼 수 있습니다. 이러한 것들을 공부하지 않으면 막상 번역할 때 문장이 너무 길게 느껴지고 사전을 찾아도 정확한 번역이 어려운 것이 사실입니다.

이번 과에서 학습한 이 두 가지 구문 말고도 좀더 알아보겠습니다.

1. không những A mà còn B (nữa) : A할 뿐만 아니라 B하기까지 하다

Anh ấy **không những** thích chơi bóng đá **mà còn** thích xem bóng đá nữa.
그는 축구하는 것을 좋아할 뿐만 아니라 축구를 보는 것도 좋아한다.

2. vừa A vừa B : A하면서 B하다

1) A, B 자리에 동사가 올 때는 동시동작

Anh ấy **vừa** xem tivi **vừa** ăn cơm. 그는 TV를 보면서 밥을 먹는다.

2) A, B 자리에 형용사가 올 때는 không những A mà còn B 구문과 비슷함

Cô ấy **vừa** đẹp **vừa** thông minh. 그녀는 예쁘면서 똑똑하다.

3) A, B 자리에 'là 동사'가 올 때는 겸임의 뜻을 나타냄

Bà ấy **vừa** là cô giáo **vừa** là hiệu trưởng. 그녀는 교사이면서 교장이다.

3. tuy A nhưng B : 비록 A할지라도 B한다

Khách sạn này **tuy** nhỏ **nhưng** tốt. 이 호텔은 비록 작지만 좋다.
Anh ấy **tuy** trẻ **nhưng** thông minh. 그는 비록 어리지만 총명하다.

4. nếu A thì B : 만약에 A하면 B한다

Nếu chị không muốn đi chơi **thì** hãy chị nghỉ ở nhà!
만약 놀러가기 싫으면 집에서 쉬어요!

5. càng A càng B : A할수록 B하다

Tôi **càng** học tiếng Việt **càng** giỏi. 나는 베트남어를 공부하면 할수록 잘한다.
Càng nhiều **càng** tốt. 많으면 많을수록 좋다.

note

- đáng yêu : 사랑스러운
- dễ thương : 귀여운
- sử dụng : 사용하다
- nước : 물
- ăn cơm : 밥을 먹다

1. 다음 (   ) 안에 알맞은 단어를 넣으세요.

1) Trong phòng có (   ) không?　　방에 에어컨 있습니까?

2) Em ấy (   ) đáng yêu (   ) dễ thương.
그 아이는 귀여울 뿐만 아니라 사랑스럽기까지 하다.

3) A : ở đây có máy vi tính sử dụng được internet không?
여기에 인터넷이 되는 컴퓨터가 있습니까?

    B : (   )　　　　　　　物론입니다.

4) Tôi (   ) nước rồi.　　　　나는 물을 다 마셨어요.

5) (   ) cô muốn ăn cơm thì ăn đi!　　식사하고 싶다면 해요!

- mẹ : 엄마
- vợ : 아내
- hiền : 유순한, 온화한
- thú vị : 재미있는
- trả tiền : 돈을 계산하다, 지불하다
- TP.HCM : 호치민시

2. 다음을 해석하세요.

1) Chị Linh vừa là người mẹ tốt vừa là người vợ hiền.

2) Học tiếng Việt , càng học càng thú vị.

3) Tôi sẽ trả tiền bằng Euro.

4) Tôi định ở TP.HCM trong 5 ngày.

3. 구문의 뜻이 잘못 연결된 것을 고르세요.

① Càng A càng B – A할수록 B하다
② Tuy A nhưng B – 비록 A할지라도 B한다
③ Nếu A thì B – 만약 A한다면 B한다
④ Vừa A vừa B – A가 있으면 B도 있다

정답

1. 1) máy lạnh   2) không những / mà còn   3) tất nhiên   4) hết   5) Nếu   **2.** 1) 링씨는 좋은 엄마이면서 온화한 아내이다.   2) 베트남어를 공부하는 것은 공부하면 할수록 재미있다.   3) 나는 유로화로 계산할 겁니다.   4) 나는 호치민에 5일간 머물 예정입니다.   **3.** ④

주제별 단어

▶ 생필품

kéo 가위
깨오

bút chì 연필
붓 찌

vở 공책, 노트
버

thư 편지
트

gương 거울
그엉

giấy vệ sinh 휴지
지어이 베 씽

khăn 수건
칸

bàn chải đáng răng 칫솔
반 짜이 당 장(랑)

danh thiếp 자잉(잔) 티엡 명함

phong thư 퐁 트 봉투

băng keo 방 깨오 스카치 테이프

sổ tay 쏘 따이 수첩

bút bì 붓 비 볼펜

tẩy 떠이 지우개

keo 깨오 풀

bưu thiếp 브우 티엡 엽서

giấy tờ 지저이 떠 종이

thước 트억 자

sách 싸익(싹) 책

bút máy 붓 마이 만년필

mực máy 믁 마이 잉크

kem đáng răng 깸 당 장(랑) 치약

xà phòng 사 퐁 비누

dầu xã 저우(여우) 싸 린스

dầu tắm 저우 땀 바디워시

kem tay 깸 따이 핸드크림

kem dinh dưỡng 깸 징(잉) 즈엉(이응) 영양크림

nước hoa hồng 느억 호아 홍 스킨

lược 르억 빗

máy cạo râu 마이 까오 저우(러우) 면도기

dầu gội đầu 저우(여우) 고이 더우 샴푸

dầu rửa mặt 저우(여우) 즈어 맛 폼 클랜징

kem dưỡng da 깸 즈엉(이응) 자 바디로션

kem chống nắng 깸 쫑 낭 썬크림

mỹ phẩm 미 펌 화장품

nước thơm 느억 텀 향수

베트남 엿보기

아름다운 휴양도시 '냐짱'

베트남을 대표하는 아름다운 휴양지 '냐짱', 혹은 영어식으로 읽어 '나트랑'이라고도 하는 이곳은 자그마하지만 때묻지 않은 자연을 간직한 곳으로, 아름다운 해변과 온화한 기후 덕분에 각 나라 관광객에게도 이미 많은 사랑을 받고 있습니다.

베트남 중부지방에 위치한 냐짱은 차를 타고 1시간이면 돌아볼 수 있을 정도로 규모가 아담합니다. 10년 전만 해도 조용한 어촌이었던 이곳이 세계적인 휴양지가 될 수 있었던 것은 냐짱을 다녀갔던 여행객들의 입소문 덕분이었다고 하네요. 산악지형의 냐짱만은 높은 산이 병풍처럼 둘러싸여 있고, 해안선 주변에는 크고 작은 섬들이 솟아 있어 천혜의 환경을 자랑하며 에메랄드빛 바다는 맑고 잔잔해 물놀이를 즐기기에도 그만입니다.

여느 관광지에서 느껴지는 떠들썩한 분위기 대신 한적하고 조용한 환경에서 휴식을 맛볼 수 있어 관광객들이 부담없이 편히 쉬다가 갈 수 있고, 소박하고 정감 가는 냐짱 현지인들과 마주하는 것도 이곳에서는 소소한 기쁨입니다. 또한 약 6㎞의 천연 백사장을 따라 저렴한 게스트 하우스에서부터 고품격 리조트 타운까지 형성되어 선택의 폭도 다양하지요. 냐짱에서 배를 타고 조금만 바다로 나가면 아름다운 바닷속을 들여다볼 수 있습니다. 일찍 스쿠버다이빙 보트를 타고 바다로 떠나 보면 이른 시간에도 많은 다이버들이 열심히 수중 탐험을 하는 것을 볼 수 있습니다. 또 냐짱 바다 주변에는 50여 개의 아름다운 섬이 있어 호핑투어 역시 인기가 높습니다. 편안하게 가족과 친구들과 아름다운 바다에 여행을 가고 싶은 분들에게 꼭 추천합니다!

Unit 16

Có lẽ em bị cảm lạnh.
아마도 저는 감기에 걸린 것 같아요.

기본회화 1

Cô giáo : **Em Ji-min ơi! Trông em có vẻ bị ốm.**
앰 지민 어이 쫑 앰 꼬 배 비 옴

Ji-min : **Có lẽ em bị cảm lạnh. Em khó chịu quá!**
꼬 래 앰 비 깜 라잉 앰 코 찌우 꾸아

Cô giáo : **Em đã uống thuốc chưa?**
앰 다 우옹 투옥 쯔어

Ji-min : **Chưa, em chưa uống thuốc.**
쯔어 앰 쯔어 우옹 투옥

Cô giáo : **Em hãy khám bác sĩ đi!**
앰 하이 캄 박 씨 디

Sau đó, nếu khó chịu thì về nhà nghỉ ngơi đi!
싸우 도 네우 코 찌우 티 베 냐 응이 응어이 디

Ji-min : **Dạ, cám ơn cô ạ.**
자 깜 언 꼬 아

> Em Ji-min ơi!
> Trông em có vẻ bị ốm.

> Có lẽ em bị cảm lạnh.
> Em khó chịu quá!

해석

선생님 : 지민아! 너 아파 보이는데.
지민 : 아마도 저는 감기에 걸린 것 같아요.
　　　너무 힘들어요!
선생님 : 너 약은 먹었니?
지민 : 아니요. 약을 아직 안 먹었어요.
선생님 : 병원에 가렴! (진찰받으러 가렴!)
　　　그 다음에 만약 힘들면 집에 가서 푹 쉬도록 해!
지민 : 네, 감사합니다, 선생님.

기본회화 해설

1. Trông em có vẻ bị ốm.   너 아파 보이는데.

이 문장은 'trông+주어+có vẻ+동사/형용사'의 형식으로 '~는 …한 것처럼 보인다'라는 뜻입니다.

  Trông cô ấy có vẻ vui.   그녀는 즐거워 보인다.

  Trông anh ấy có vẻ không thích ăn phở.   그는 쌀국수 먹는 것을 좋아하지 않는 것처럼 보인다.

여기서 'bị+서술어'는 수동태 표현으로 의도하지 않게 부정적인 것이나 안 좋은 상황에 처했을 때 사용하는 표현입니다. 예를 들어, 돈을 잃어버리거나 사고를 당하거나 혹은 병에 걸렸을 때 '~당하다', '~버리다', '~(병)에 걸리다'라는 의미로 사용됩니다.

  Tôi bị mất tiền.   나는 돈을 잃어버렸습니다.

2. Có lẽ em bị cảm lạnh.   아마도 저는 감기에 걸린 것 같아요.

có lẽ가 문장 앞에 쓰일 때는 추측을 나타내는 구문으로 '아마 ~인 것 같다'라고 번역합니다.

  Có lẽ anh ấy đã tức với tôi.   아마도 그는 나에게 화가 난 것 같다. (tức : 화가 나다)

3. Em đã uống thuốc chưa?   너 약은 먹었니?

'약을 먹다'라고 할 때 동사 ăn을 쓰지 않고 '마시다'라는 동사 uống을 사용합니다. 약은 항상 물과 함께(?) 먹는다는 베트남 사람들의 생각이지요. 우리나라 말로 번역할 때는 '약을 마시다'라고 하면 어색하므로 '약을 먹다'라고 하면 됩니다.

4. Sau đó, nếu khó chịu thì về nhà nghỉ ngơi đi!
그 다음에 만약 힘들면 집에 가서 푹 쉬도록 해!

sau đó는 문장과 문장을 연결하는 접속사로 '그 다음에', '그 후에'라고 번역합니다.

  Tôi ăn cơm , sau đó, sẽ đi học.   나는 밥을 먹고 그 다음에 공부하러 갈 것이다.

word 새로 나온 단어

trông A có vẻ ~ 쫑 꼬 배	A는 ~한 것처럼 보인다	**có lẽ** 꼬 래	~인 것 같다(추측)
bị 비	~당하다, ~버리다 (부정적인 수동태 표현)	**cảm lạnh** 깜 라잉(란)	감기(병)
		thuốc 투옥	약
	bị + 병명 : ~(병)에 걸리다	**khám bác sĩ** 캄 박 씨	의사를 만나다, 진찰받다
		sau đó 싸우 도	그 후에, 그 다음에
ốm 옴	아프다	**nghỉ ngơi** 응이 응어이	푹 쉬다

16. 아마도 저는 감기에 걸린 것 같아요. 155

(ở bệnh viện)
어 벵 비엔

Ji-min : **Chào bác sĩ, tôi bị cảm lạnh.**
짜오 박 씨 또이 비 깜 라잉

Bác sĩ : **Cô bị từ khi nào?**
꼬 비 뜨 키 나오

Ji-min : **Tôi đau đầu từ tối qua, bây giờ sốt toàn thân,**
또이 다우 더우 뜨 또이 꾸아 버이 져 쏫 또안 턴

bị viêm họng, đôi khi bị ho.
비 비엠 홍 도이 키 비 호

Bác sĩ : **Cô bị sốt đến 38 độ.**
꼬 비 쏫 덴 바므어이 땀 도

Cô phải tiêm và uống thuốc trong 3 ngày.
꼬 파이 띠엠 바 우옹 투옥 쫑 바 응아이

Đừng uống rượu nhé!
등 우옹 즈어우 네

3 ngày sau, cô cũng bị ốm thì đến bệnh viện lại nhé.
바 응아이 싸우 꼬 꿍 비 옴 티 덴 벵 비엔 라이 네

Ji-min : **Cám ơn. Chào bác sĩ!**
깜 언 짜오 박 씨

해석

(병원에서)

지민 : 안녕하세요, 나는 감기에 걸린 것 같아요.

의사 : 언제부터 아팠나요?

지민 : 어제저녁부터 머리가 아팠는데 지금은 온몸에서 열이 나고 목에 염증이 있고 때때로 기침을 해요.

의사 : 열이 38도나 되네요. 주사 맞고 3일 동안 약을 드세요.

    술을 마시지 말고요! 3일 후에도 아프면 병원에 다시 오세요.

지민 : 감사합니다. 안녕히 계세요!

5. Cô bị từ khi nào? 언제부터 아팠나요?

위 문장은 cô bị cảm lạnh từ khi nào와 같은 문장입니다. 반복을 피해 cảm lạnh은 생략했지요. 의문사 khi nào가 문장 끝에 오면 따로 시제사가 없어도 과거형을 나타내므로 '당신은 언제부터 아팠나요?'라고 번역하면 됩니다.

6. Tôi đau đầu từ tối qua, bây giờ sốt toàn thân, ~
어제 저녁부터 머리가 아팠는데 지금은 온몸에서 열이 나고 ~

위 문장은 길어서 어려울 것 같은데 쭉 증상을 나열한 말입니다. 하나하나 번역하면 됩니다. tối qua는 buổi tối hôm qua의 줄임말로 '어제저녁'이라는 뜻입니다. 구어체에서는 이와 같이 생략을 많이 합니다. sốt toàn thân에서 toàn은 한자어로 '전부, 모든'이라는 뜻의 '전(全)'자이고, thân은 '몸 신(身)'자로, 곧 '온몸, 전신'이라는 뜻입니다.

7. Đừng uống rượu nhé! 술을 마시지 말고요!

'đừng+서술어+nhé' 구문은 '~하지 마세요'라는 금지의 뜻을 나타냅니다.
　　Đừng hút thuốc nhé!　담배 피우지 마세요!(hút thuốc : 담배 피우다)
　　Đừng thức khuya nhé !　밤새지 마세요!(thức khuya : 밤늦게까지 깨어 있다)

8. 3 ngày sau, cô cũng bị ốm thì đến bệnh viện lại nhé!
3일 후에도 아프면 병원에 다시 오세요.

시간과 위치를 나타내는 전치사 sau 앞에 기간이 오면 '~(기간) 후에'라고 번역합니다. 전에도 학습한 '동사+lại'는 '다시 ~하다'라는 뜻입니다. 동사와 보어인 lại 사이에 목적어가 위치해도 됩니다.
　　Một tháng sau, tôi sẽ ra trường. 한 달 후에 나는 졸업할 것이다.

🗒️ word 새로 나온 단어

đau 다우	아프다		**đôi khi** 도이 키	때때로, 가끔(빈도부사)
đầu 더우	머리		**ho** 호	기침하다
sốt 쏫	열이 나다		**độ** 도	도(度)
toàn thân 또안 턴	온몸, 전신		**tiêm** 띠엠	주사
viêm 비엠	염증이 있다		**rượu** 즈어우(르어우)	술
họng 홍	목구멍		**bệnh viện** 벵 비엔	병원

주요표현

Trông chị có vẻ hạnh phúc.
쫑 찌 꼬 배 하잉 푹
언니는 행복해 보이네요.

Trông anh ấy có vẻ buồn.
쫑 아잉 어이 고 배 부온
그는 슬퍼 보인다.

Trông em ấy có vẻ mệt.
쫑 앰 어이꼬 배 멧
그 아이는 피곤해 보인다.

Tôi bị trễ. / Tôi bị muộn.
또이 비 째 또이 비 무온
나는 늦었다.

Tip

trễ는 남부에서, muộn은 북부
에서 각각 '늦은'이라는 뜻입니
다.

Tôi bị mất điện thoại di động.
또이 비 멋 디엔 토아이 지 동
나는 핸드폰을 잃어버렸어요.

Tôi bị sốt và đau đầu.
또이 비 쏫 바 다우 더우
나는 열이 나고 머리가 아파요.

Tôi bị viêm dạ dày.
또이 비 비엠 자 자이
나는 위염이 있어요.

Có lẽ ngày mai trời mưa.
꼬 래 응아이 마이 쩌이 므어
아마도 내일은 비가 올 것 같다.

Có lẽ chị ấy không thích ăn lẩu dê.
꼬 래 찌 어이콩 틱 안 러우 제
아마도 그 언니는 염소탕 먹는 것을 안 좋아하는 것 같다.

Có lẽ anh ấy thích cô ấy.
꼬 래 아잉 어이틱 꼬 어이
아마도 그는 그녀를 좋아하는 것 같다.

Tôi sẽ học tiếng Việt, sau đó, đi ăn cơm.

또이 쌔 혹 띠엥 비엣 싸우 도 디 안 껌

나는 베트남어를 공부하고 그 후에 밥 먹으러 갈 것이다.

Anh ấy ở Huế trong 2 ngày, sau đó, đi Hội An.

아잉 어이 어 후에 쫑 하이 응아이 싸우 도 디 호이 안

그는 후에에 이틀간 머무르고, 그 다음에 호이안으로 간다.

Đầu tiên, em mua quyển sách học, sau đó đi mua thức ăn đi!

더우 띠엔 앰 무어 꾸이엔 싹 혹 싸우 도 디 무어 특 안 디

먼저 교과서를 산 다음에 음식을 사러 가!

Tôi luôn luôn đi bơi, nhưng cô ấy đôi khi đi bơi.

또이 루온 루온 디 버이 니응 꼬 어이 도이 키 디 버이

나는 항상 수영하러 가지만 그녀는 가끔씩 수영하러 간다.

2 tuần sau, tôi sẽ sang Việt Nam.

하이 뚜언 싸우 또이 쌔 상 비엣 남

2주일 후에 나는 베트남에 갈 것이다.

3 ngày nữa, anh ấy sẽ trở thành bác sĩ.

바 응아이 느어 아잉 어이 쌔 쩌 타잉 박 씨

3일 후에 그는 의사가 된다.

Tôi đã đến chợ Bến Thành 3 ngày trước.

또이 다 덴 쩌 벤 타잉 바 응아이 쯔억

나는 벤탄 시장에 3일 전에 왔었다.

Tip

đầu tiên은 '먼저'라는 뜻으로 sau đó와 함께 많이 쓰입니다.

Tip

luôn luôn은 '항상'이라는 빈도 부사입니다.

Tip

'기간+sau'와 '기간+nữa'는 같은 말입니다.

Tip

'앞, 전'을 나타내는 전치사 trước도 역시 기간 뒤에 오면 '~전에'라고 번역하며, 과거시제이므로 문장 끝에 위치시켜 줍니다.

주요표현 단어

hạnh phúc 하잉(한) 푹	행복한, 행복하다	**đầu tiên** 더우 띠엔	먼저
buồn 부온	슬픈, 슬프다	**bơi** 버이	수영하다
mệt 멧	피곤한	**tuần** 뚜언	주(週)
trễ / muộn 쩨 / 무온	늦은	**sang** 상	가다
mất 멋	잃다	**trở thành** 쩌 타잉(탄)	~가 되다
dạ dày 자 자이(야 야이)	위(胃)	**bác sĩ** 박 씨	의사

Trước, trước khi, trước đó 그리고 sau, sau khi, sau đó

제목의 단어들을 보았을 때 매우 비슷해 보이지요? 뜻도 비슷비슷합니다만 각각의 쓰임은 매우 다르답니다. 이번 과에서는 그것을 알아보도록 합시다.

1. Trước, sau

trước과 sau는 전치사입니다. 위치와 시간을 나타내는 전치사인데 각각 '앞, 전', '뒤, 후'의 뜻을 가지고 있습니다. 전치사는 명사와 짝, 그래서 trước이나 sau 뒤에는 항상 시간과 위치, 장소를 나타내는 명사가 옵니다.

Sau năm 2012, tôi sẽ trở thành sinh viên. 2012년 후에는 나는 대학생이 될 것이다.

Trước tháng 6 , tôi đã ở Sài Gòn. 6월 이전에는 나는 사이공에 있었다.

Sau nhà tôi có một siêu thị lớn. 우리 집 뒤에는 큰 슈퍼마켓이 있다.

2. Trước khi, sau khi

trước khi와 sau khi 뒤에는 항상 '동사+목적어'의 절이 옵니다. '~하기 전에', '~한 후에'로 번역하지요. 때를 나타내는 종속절을 이끕니다. 구조를 볼까요?

Trước khi / sau khi+동사1+목적어1, 주어+동사2+목적어2

Trước khi ăn cơm, em phải rửa tay. 밥을 먹기 전에 반드시 손을 씻어야 한다.

Sau khi về nhà, tôi sẽ gọi điện cho anh. 집에 돌아간 후에 전화할게요.

3. Trước đó, sau đó

trước đó와 sau đó는 접속사로 문장과 문장 사이에 위치합니다. 번역은 각각 '그러기 전에, 그 전에', '그 후에, 그 다음에'라고 합니다.

Con hãy ăn cơm đi! **Trước đó**, phải rửa tay! 애야 밥을 먹으렴! 그 전에 손을 꼭 씻고!

Tôi định đi du lịch Việt Nam trong 10 ngày, **sau đó** , sẽ sang Thái Lan.

나는 10일 동안 베트남 여행을 할 예정이에요, 그 다음에 태국에 갈 거예요.

─《빈도부사의 쓰임》─

빈도부사는 동사 앞에 위치하여 그 빈도수, 횟수를 나타내는 말로 luôn luôn(항상), thường xuyên(자주), thường(보통), đôi khi(때때로), thỉnh thoảng(가끔), ít khi(거의 ~하지 않는다), không bao giờ(절대로 ~하지 않는다) 등이 있습니다.

연습문제

1. 다음 ( ) 안에 알맞은 단어를 넣으세요.

1) Tôi ( ) cảm lạnh.   나는 감기에 걸렸어요.

2) Trông anh ( ) sung súng.   당신은 기뻐 보이네요.

3) Đầu tiên tôi đi bảo tàng, ( ) tôi đã đến Dinh thống
   nhất.   먼저 나는 박물관을 갔다가 그 다음에 통일궁에 갔다.

4) Tôi ( ) ăn phở vào buổi sáng.
   나는 항상 아침에 쌀국수를 먹어요.

note

• sung súng : 기쁘다
• bảo tang : 박물관
• Dinh thống nhất : 통일
  궁
• ăn phở : 쌀국수를 먹다
• buổi sáng : 아침에

2. 다음을 해석하세요.

1) Anh ấy bị đau gan.

2) Tôi muốn khám bác sĩ, nhưng sợ tiêm quá!

3) Sau khi học tiếng việt , tôi sẽ đi Việt Nam.

4) Có lẽ anh ấy tức giận với tôi.

• đau : 아프다
• gan : 간
• khám : 진찰하다
• sợ : 무섭다
• tức giận : 화나다

3. 단어의 뜻이 <u>잘못</u> 연결된 것을 고르세요.

① viêm họng – 목에 염증이 나다
② đau đầu – 머리가 아프다
③ có lẽ – 역시 ~이다
④ thuốc – 약

정답

1. 1) bị   2) có vẻ   3) sau đó   4) luôn   **2.** 1) 그는 간이 아프다.   2) 나는 진찰받고 싶은데 주사가 무섭다.
3) 베트남어 공부한 후에 나는 베트남에 갈 것이다.   4) 아마 그는 나에게 화가 난 것 같다.   **3.** ③

주제별 단어

▶ 신체를 나타내는 단어

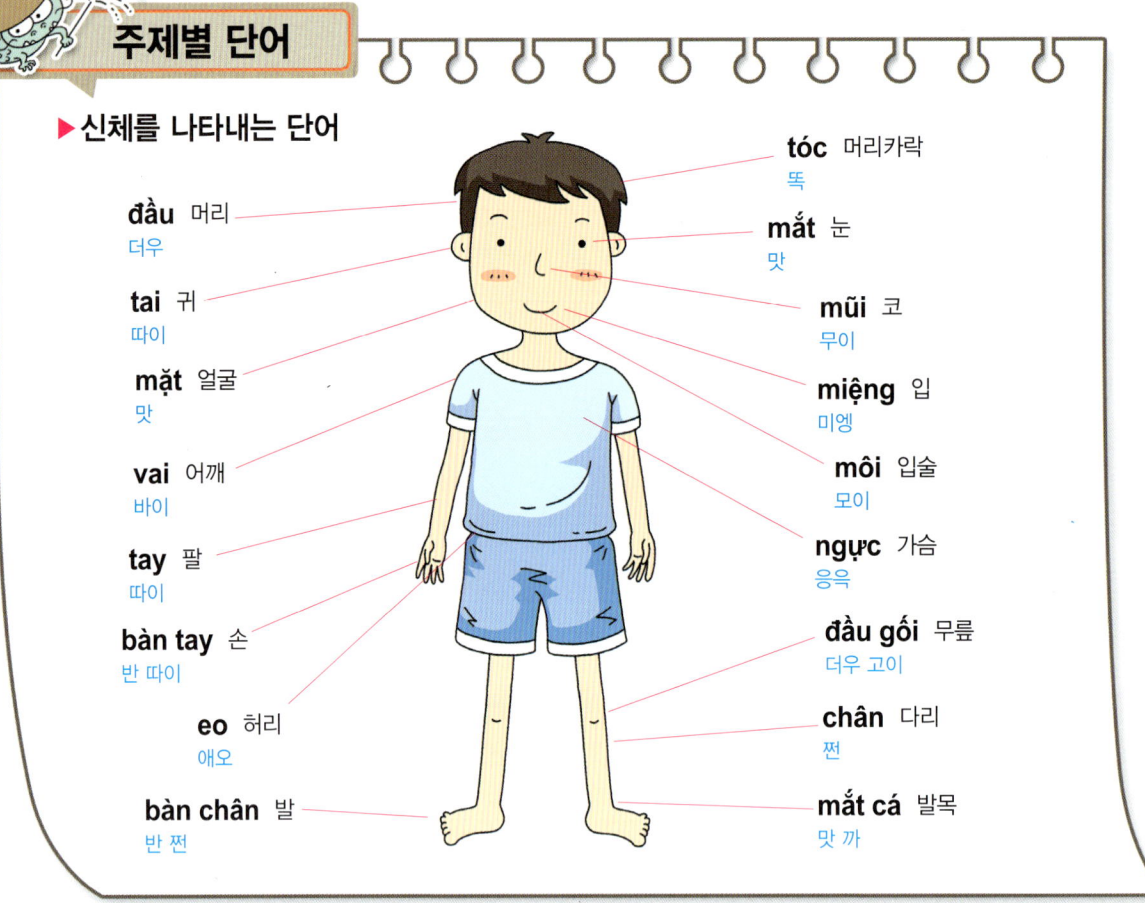

đầu 머리
더우

tai 귀
따이

mặt 얼굴
맛

vai 어깨
바이

tay 팔
따이

bàn tay 손
반 따이

eo 허리
애오

bàn chân 발
반 쩐

tóc 머리카락
똑

mắt 눈
맛

mũi 코
무이

miệng 입
미엥

môi 입술
모이

ngực 가슴
응윽

đầu gối 무릎
더우 고이

chân 다리
쩐

mắt cá 발목
맛 까

〈병 관련 단어〉

bác sĩ 박 씨 의사

bệnh nhân 벵 년 환자

thuốc 투옥 약

đau răng 다우 장(랑) 치통

tiêm 띠엠 주사

cảm lạnh 깜 라잉(란) 감기

ho 호 기침하다

viêm họng 비엠 홍 편도염

viêm gan 비엠 간 간염

điều trị 디에우 찌 치료하다

bỏng 봉 화상

táo bón 따오 본 변비

sức ăn 쓱 안 식욕

ngứa 응으어 가려운

huyết áp 후이엣 압 혈압

y tá 이 따 간호사

đơn thuốc 던 투옥 처방전

sốt 쏫 열, 열이 나는

choáng váng 쪼앙 방 어지러운

say xe 싸이 쌔 멀미하다

mệt 멧 피곤한

nước mũi 느억 무이 콧물

viêm dạ dày 비엠 자(야) 자이(야이) 위염

cao huyết áp 까오 후이엣 압 고혈압

bị thương 비 트엉 부상, 상처

bong gân 봉 건 삐다

tiêu hóa 띠에우 호아 소화하다

nôn 논 토하다

máu 마우 피

nhiệt độ cơ thể 니엣 도 꺼 테 체온

베트남 엿보기

베트남에서 주의할 점

이번 과에서는 베트남에서 주의해야 할 점에 대해 알아보도록 하겠습니다.

1. 도로 횡단

베트남에서는 우리나라 신호 체계와는 달리 직진에 좌회전 신호를 허락합니다. 또한 신호를 거의 지키지 않는 오토바이 무리 때문에 횡단보도에서도 매우 위험하답니다. 길을 건너는 비결은 조심조심 또 조심 천천히 아주 천천히 건너는 것이지요.

2. 가방 조심

베트남에는 오토바이 날치기가 매우 많아 가방은 가능한 한 뒤, 옆으로 매는 가방보다는 앞으로 매는 가방을 사용하는 것을 추천합니다. 가방을 빼앗기는 것보다 심각한 것이 오토바이 뒷자석에 탄 날치기에게 당해 질질 끌려가는 경우가 많으니 사고를 당하지 않도록 꼭 주의합니다. 또한 오토바이 뒷자석에서 전화통화를 하는 것도 매우 위험합니다. 가방 날치기처럼 핸드폰 날치기도 매우 많으니 명심 또 명심!

3. 베트남인들과의 대화

베트남 사람들은 외국인에게 많이 친절하고 개방적인 편이라 타인과 쉽게 대화를 시작하지만 그 속내를 잘 드러내 보이지는 않습니다. 아주 친해지기 전에는 무거운 화제를 꺼내지 말고 천천히 친해지도록 합니다!

4. 베트남 입국 시 비자

베트남은 한국과 맺은 비자 협정으로 15일 동안 관광을 목적으로 하는 관광객들에게는 무비자로 체류할 수 있게 합니다. 하지만 오로지 관광이 목적이어야만 합니다. 입국 목적을 정확히 표기하고 출국 비행기표가 반드시 있어야 합니다. 편도 비행기표로는 입국이 불가능합니다. 또한 비자 기간이 넘을 시에도 문제가 복잡해집니다. 예전에는 공항에서 벌금을 내고 출국시켜 주었는데, 요즘에는 공항에서 출국을 막고 시내에 있는 비자 사무실에서 비자를 받고 영수증을 받아 오게 하고 있으니 이 점을 꼭 체크하시길 바랍니다!

Index

가

Index

■저자 **홍빛나**

한국외국어대학교 베트남어과 졸업
한국변호사협회 베트남어 출강
베트남 주석 초청 만찬 사회통역
메가스터디 신촌, 노량진 강사
강남 대치동 비전21학원 강사
삼성전자 출강

■저서

베트남어 일상회화사전
통기초 베트남어 생활회화

혼자배우는 베트남어 첫걸음

초판 1쇄 발행 2012년 8월 30일
21쇄 발행 2023년 9월 20일

발행인 박해성
발행처 정진출판사
지은이 홍빛나
편집 김양섭, 박유미
기획마케팅 이훈, 박상훈, 이현주
디자인 · 삽화 허다경
출판등록 1989년 12월 20일 제 6-95호
주소 136-130 서울시 성북구 화랑로 119-8
전화 02-917-9900
팩스 02-917-9907
홈페이지 www.jeongjinpub.co.kr

ISBN 978-89-5700-114-1 *13730